KEY ACCOUNT SELLING

大客户销售

全新版 New Edition

Strategy and Planning

—— 谋攻之道 ——

徐 晖 齐洋钰 著

中国人民大学出版社
· 北京 ·

"见之不若知之，知之不若行之"，理论提升了我们对销售规律的认知，实践后的思考则会使我们更深刻地理解理论。本书的再版，把销售理论和诸多真实案例很好地融合在一起，聚焦于大项目销售的关键点，借实战娓娓道来。

优秀的销售，有着常人难以企及的雄心。"如果你想打动客户，你必须求知若渴，如果你想获得客户，你必须求之若渴。"燃烧着的渴望，这可能是在销售领域获得成功的最重要品质。从销售新手到销售冠军，要在失败和被不断拒绝的熔炉中千锤百炼，成就自我。要在践行中超越昨天的那个自己，要在挫折中坚持自己的销售价值观。

优秀的销售，能够在正确的时间将竞争优势对准正确的业务问题、正确的人以及正确的价值。他们非常清楚在何时该将哪些优势与哪些人链接在一起。本书在理论和案例的融合中，紧紧围绕着这几个方面展开。

优秀的销售，在持续有效的销售行动中，也会经历艰辛，甚至是孤独的。每个人都会为一些执念而坚持，其他人觉得是浪费时间，但对他来讲，却很重要。在执念中前行，若能少走弯路，是销售人员的幸事。

幸运的是，在大客户销售领域，前人已经开出了清晰的道路。本书的作者徐晖，现在是众多企业非常尊重的销售导师和销售管理大师，他从销售实践中成长并获得了极高成就，而今广为传道授业解惑，依旧每年剖析大量案例，理论与实践相映成辉。我相信，本书也是徐晖老师影响他人的执念之一。

希望本书给我们带来前行的力量，在销售领域，它是力量之源。

大客户销售，虑之贵详，行之贵力。其中优秀者，当以承担社会责任为己任，以推动社会进步为目标。

感谢徐晖，字中明理。

祝每位读者，使命必达。

邢　波

《哈佛商业评论》作者，东软集团副总裁

　　《大客户销售：谋攻之道》于 2015 年初版，至今多次加印，在这期间，我们收到了大量的读者反馈，其中不乏针对方法论和实战运用的深入探讨，例如：

　　1. 管理标准的制定：书中概念清晰，但是在具体的应用中会涉及一些定量的判断，该如何制定更清晰的判断标准？

　　2. 对于实战的指导：书中内容通俗易懂，配套的《大客户销售：实战篇》的案例也很丰富，但是读者面对自己正在进行的项目，到底该从哪几个方面下手分析依然要靠个人的悟性，该如何形成对实战案例分析和指导的流程？

　　3. 如何在组织中推广：有很多销售人员在本组织内部开展了谋攻的自学和使用，但是缺少有效的流程监控，难以最大化谋攻的作用。组织推广可以怎么做？

　　…………

　　我们在培训中，一直使用学员的真实案例，针对实战问题展开讨论。2016 年，我们出版的《大客户销售：实战篇》一书通过大量的案例解析来呈现谋攻方法论的实战运用。2020 年，我们升级了本书的同名课程，并且开始着手本书的再版。

上一版更偏重于讲清楚销售中的基本概念，而本版则加大了实战指导的比重，让读者更容易理解书中概念，更容易在实际的打单中根据书中的方法论做出精准的判断和应对。

本版围绕大客户销售的三个核心问题"找对人、做对事、踩对点"展开。

第一，找对人。大客户销售最重要的特点是多人决策，采购决策是多人代表各自的利益博弈的结果。找对人，意味着销售要搞清楚政治关系和决策结构，知道谁说了算；意味着销售要建立销售路径去见到说了算的人；意味着销售要搞清楚业务需求和个人需求，知道如何才能得到说了算的人的支持。

第二，做对事。在产品同质化程度越来越高、信息越来越透明的今天，很多销售人员都会抱怨公司的产品和价格有不足，与竞争对手相比没有优势，有趣的是，几乎所有的顶级销售人员都不会认为这是个障碍。做对事意味着销售要搞清楚客户内部不同人员的关键绩效指标（KPI），搞清楚他们面临的问题和目标，并且能提供方案来解决。听起来很简单，但是大量的销售只会打价格战，在客户面前也只是一个"听喝的"，顾问式销售的口号喊了多年，一出手还是传统的三板斧。

第三，踩对点。组织采购是一个严肃而正式的过程，有公开的游戏规则，采购工作也要确保"程序正义"。踩对点意味着销售要踩准客户的采购节奏，和客户共同制定游戏规则，堂堂正正地 PK 掉竞争对手。

全书共九章，分三大部分，第一、二章是第一部分，讲的是大客户销售的一些基本概念；第三至八章是第二部分，以销售流程为核心主线，针对销售流程的每一个阶段，讲清楚销售应该找谁、应该做什么，做到什么程度才叫做完成了这一阶段的工作；第九章是第三部分，讨论的是在一个销售组织内部怎么通过实施谋攻来提高赢率、利润率和客户关系健康度。在第四至八章，我们还拆解了一张完整的单子，用谋攻的方法论来分析这张单子的推进过程。

这本书是为实战而写，读者可以从任何一章开始阅读。如果您为如何把握客户内部复杂的人际关系而烦恼，可以先看第四章的五维地图和圈子地图；如果您为产品高度同质化和价格战而烦恼，可以先看第四章的 BVF 模型和第五章的标准树立；如果您是一位销售管理者，为如何更高效地进行项目 REVIEW 和指导而烦恼，可以先看第九章，看看别的销售组织是怎么做到销售语言统一和行为统一的；如果您想先体会一下实战的氛围，可以先阅读第四至八章的案例分析部分，完整经历一张单子的全过程；如果您只是对大客户销售的理论感兴趣，可以先看第一章，再按图索骥把那一章提到的人物著作都买来看看，在面对市场上汗牛充栋的书籍和课程时您就有了鉴别能力。当然，我们还是希望您能从头到尾仔细阅读，和我们一起用谋攻来改变您的销售行为，提高销售业绩。

目 录
CONTENTS

第一章

大客户销售的
基本特点

这是一本讲打单的书，用书面语来表示就是，这是一本讲 TO B（面向企业）销售特别是项目型销售的书。但是，在阐述打单的套路和技巧之前，我们需要讲清楚一些基本概念。毕竟，讲销售的书汗牛充栋，各种名词和术语满天飞，我们得在基本概念的层面先取得共识，才能最大限度地保证后续的阐述不被误解。

完成业绩的三要素

这是一本写给销售人看的书，身为销售，以完成业绩为天职，而业绩的构成可以用下面这个公式来表示：

销售业绩＝商机×赢率×单均

这就涉及三个要素：

商机：在单位时间内（比如一年），可以参与多少个项目。

赢率：平均赢率是多少。比如，10 个项目可以拿下 2 个，赢率就是 20％。

单均：每一单的平均金额是多少。

无论你是做哪一行的销售，这个公式都是成立的。也就是说，如果想要业绩发生变化，你肯定要改变三要素当中的一个或多个。但是，在不同的销售模式下，如何提升三要素的侧重点是不同的。

对于 TO C（面向个人消费者）或是 TO SMB（面向小微客户）的业务而言，商机是无限的（无限的意思是：只要你去跑，总是会有新商机出来），在这些类型的业务中，以更高的效率、更低的成本迅速扩大对客户的覆盖，增加商机往往会排在销售动作和销售管理动作的首位。当然，在高效获客之后，客户的继续率以及年化收入是完成业绩的重要保障（如果把每年的续约看作一个项目，同样可以用三要素来描述业绩达成）。

但是，对于大客户销售而言，你面临的商机是有限的，或者说，在你负责的区域/行业，一年也就只有这些项目机会。比如，你是做医疗设备的，你所负责的那一个省份有多少家医院，这些医院在今年有多少家会有设备采购，这个数字是有限的；再比如，你是做楼盘销售代理的，一年里你所负责的城市有多少个楼盘会招代理，这个数字也是有限的。

所以，在大客户销售当中，更重要的工作是提高赢率和单均。也就是，面对一个项目机会，你要能拿下来。有些时候一张单子的成败会关系到你的业绩（甚至是你所在的团队/区域的业绩）是否能达成，因为丢了一张大单而引咎辞职的事屡见不鲜。同时，当出现一个项目机会甚至线索时，你需要把这一张单子尽可能做大，要么制定更大更全的解决方案，要么在单次采购中占据更大的份额，要么取得更好的成交条件（更好的价格、账期）。

从这个基本逻辑出发，大客户销售（打大单）和 TO C 或 SMB（打小单）在以下三个方面有不同。

一是销售行为的特点不同。两者的销售流程有很大差异，小单讲究的是短周期快速成交，当然也会有花了半年时间联系多次才成交的客户，但是细算起来你在这个客户身上花的时间仍然很少，类似于"有人要买吗，没有我就下个月再来问问"的套路。大单要在一个客户身上花大量的时间，讲究的是早布局、早引导，有较为清晰的流程和阶段，对销售行为的要求更为复杂。在小单领域里非常有效的方法和技巧，很多在大单领域里用处不大甚至会起反作用。

二是销售管理的抓手不同。如果是做小单，销售管理的抓手往往是要研究客户共性，抓活动量、抓效率，要尽可能低成本高效率地获客。但是做大单，要研究客户个性，抓项目的有效推进，经常会出现一张大单影响业绩达成甚至人员/机构去留的情况。对小单如果要求销售对每个客户深入分析、个性服务，是在浪费资源，得不偿失；对大单如果天天打鸡血做动员，天天汇报成交数字和拜访量，也会搞得怨声载道。

三是对销售人员的能力要求不同。相对来说，做小单的销售更强调"勇"，也就是要能持续地往外冲，多见客户，不怕拒绝，是靠量来取胜的。做大单的销售更强调"智"，也就是对一张单子、一个客户要分析清楚，少犯错误，"先为不可胜，以待敌之可胜"。相对来说，做小单的队伍，单个销售人员对业绩的影响不大，同时人员流动率更大，对人员的考核周期和公司可以忍耐的成长周期也更短。

简单来说就是，这两种不同的销售模式，在销售流程、销售行为、销售管理、人员要求和培训上都有着巨大的差异，这种差异要远远大于行业和产品的差异，适用的方法论完全不同。比如，都是卖电脑，面向消费者的店面销售和面向大客户招标集采的销售，是完全不同的两种做法。一个卖电脑的店员，转型去做其他家电产品或者其他行业的店面销售，要比转型去做面向大客户卖电脑的销售容易得多。

之所以在开篇先讲这个问题，就是因为在培训市场上，大量的培训课程（销售类书籍）没有区分这两者的不同（或者听众和读者搞不清楚这两者的不同），而且有一定比例的销售管理者和培训负责人也不知道这种不同，经常会出现基本的方法论引进错误。比如，一个以做大客户为主的企业，想按"铁军"的模式来打造自己的销售团队，肯定搞不好。过去这些年，经常有客户慕"谋攻"（本书的同名培训课程）之名而来，但聊下来我们会发现，有些不是做大客户的，"谋攻"并不适用。其中，有的客户和我们开展了其他课程的培训和咨询合作，也有的客户聊下来我们发现影响其业绩的是其他问题而延缓了合作。如果我们只顾挣钱而推了不合适的课程和方案给客户，是起不到业绩改善的效果的，也不符合大客户销售的基本原则。而先搞清楚这个问题，对于本书的读者来说，就可以决定后面的内容是翻翻就好，还是需要仔细研读。

「"道不同，不相为谋"——大客户销售的特点」

如前文所述，根据客户的不同，销售可以分为 B TO B 与 B TO C 两大类，两者的销售特点不同，如表 1-1 所示。

表 1-1　B TO B 和 B TO C 的销售特点比较

项目	B TO B	B TO C
决策人员	多	少
采购周期	长	短
采购金额	大	小
采购风险	大	小
客户决策时销售人员是否在现场	否	是

如果我们把表中的 B TO C 的 C（个人消费者）换成 SMB，这些区别依然是存在的，TO SMB 从销售特性上来看，更接近 TO C。为了行

文的方便，在本书的后续内容中，我们提到的 TO B 销售，都是指大客户销售。

顺便说一下，有相当比例的读者，从事的业务可能是 TO G（面向政府）的，政府的采购流程和约束条件确实和企业有不同，但是从销售模式和方法论层面来看，仍然属于 TO B 的类别，没有什么不同。

从表 1-1 我们可以看到 TO B 销售的几大特点。

一、多人决策

与 TO C 的销售不同，TO B 销售（大客户销售）由多人决策，这也是 TO B 销售最大的特点。多人决策将带来三个问题：

（1）不同采购者的倾向性和关注点不同。展示给某个人看的优势在其他人那里可能就没有吸引力甚至是缺点，这就需要销售人员对参与采购的各个人（部门）都有足够的关注，在方案的设计和呈现上对技能的要求也很高。造成这一现象的原因有两方面：一方面，不同部门的利益可能存在差异甚至对抗；另一方面，组织利益和个人利益也可能会存在差异。在大量研究 TO B 销售的文献中，用"业务需求"和"个人需求"来描述这一现象（也有用"结果与赢""概念"这样的词来描述的，下文会有所介绍），业务需求指的是完成某个项目、选择某个供应商对组织带来的好处，个人需求指的则是给个人带来的好处。这两个"好处"很多时候是不会完全一致的，比如，选择某个新的供应商对保证供应安全有好处，引入新的技术对组织的创新有好处，但是这两个做法都可能会增加经办人的工作量而遭到抵制。

（2）不同的决策者之间经常会有对抗。在 TO C 领域里，做出采购决策的人数少，通常是一两个人就做出决策。同时，即使是在决策人数超过一人的情况下，这些人的利益分歧往往也比较小，比较容易协调。但是在 TO B领域中，不同决策者之间经常会有利益冲突，比如，技术部门希望采购性能更优甚至是"高配"的产品，但采购部门希望严格控制成本，有些时候，这些冲突会上升到权力层面而变得更激烈，比如，几个重要人物都希望在某个重大项目中获得主导权，这些冲突都会对销售有影响。

（3）无法依靠一个人成单。很难说这张单子是哪一个人就可以决定的，哪怕是这个组织的一把手，也很难在全员反对的情况下把单子硬拍给你，与之相对应，哪怕这个人只是一个基层的员工，不能帮你成单，但是如果他是某一项关键技术、关键测试的把关人，只要他提出你的技术不达标，同样可以让你成不了单。

二、采购周期长

TO C销售的采购周期比较短，客户通常是瞬间决策（当然，金额高的耐用消费品如住宅、汽车，采购周期也会比较长，但是和 TO B销售相比，仍然是短的），比如电脑、服装等的店面销售中，从接触客户到成单通常会在半小时以内解决问题。但是 TO B的采购周期往往比较长，通常需数月甚至跨年，做过政府项目的读者应该对这个问题更有感触，从获取销售线索走到正式立项往往都要跨年了。

长周期使得销售的不确定性大大增加，一方面，权力会发生变化，执行部门会变，关键岗位人员会变，甚至决策人也会变。哪怕一个项目人员没有任何变化，在不同的采购阶段，出场的人物不同，权力分配也不同，很有可能前期拥有较大权力的人在采购的后期已经基本说不上话了。另一方面，需求会发生变化，业务需求和个人需求都会发生变化，从而导致前期确定的建设方向和范围要改，比如，可研阶段领导一心进取想做个大项目，立项之后突然有机会要升迁，为了在考察期不出问题，要求以稳为主，减少一期项目的范围和预算。

这种长周期带来的变化，要求大客户销售人员始终保持"战战兢兢"的状态，用通俗的话来说就是，合同没拿到，钱没收回来，什么都有可能发生。

三、采购金额高、决策风险大

当采购者代表组织进行采购时，由于金额高、参与人员多，一旦采购决策失误，对组织造成损失和引起负面评价，就会给采购者带来较高风险（比如，如果采购部采购的物品价格高于市场正常价格，其他人员就有理由表示质疑）。即使项目负责人选择了最优秀的供应商，后续的实施过程中也面临着大量的内部合作（比如，机器的安装试用、管理系统的上线都会涉及多个部门的工作），很难保证参与的各个部门都没有抱怨。

举个直观一点的例子，走在路上我渴了，到路边的便利店或是无人售货机上买瓶水，这一瓶水的金额很小，如果我打开喝了味道不好，可以随手扔了再买一瓶，根本不会对我产生任何不良影响。但是，如果我是公司的行政，我要买很多瓶装水放到公司里，供公司的员工以及来访的客人开会时喝。如果有员工说这个水不怎么样，这个牌子很差，拿这样的水给客户喝很不好，我们的人为什么买这样的水，就会给我带来不良影响。如果我以很高的成本买了特别好的水，我的领导可能又会觉得太浪费了。如此简单的产品都会带来这样的麻烦，更不用说那些技术要求复杂、对业务影响深远的大项目了，没有人敢随意决策。

正是有这种风险的存在，现在的采购动作越来越透明，需要销售人员对于整个采购流程有良好的把控，这种把控不是指"暗箱操作"，恰恰相反，销售和客户方的支持者做的所有把控流程的动作都是要放在阳光下的，要经得起审视和质疑。

四、TO B 销售，客户决策时销售人员通常不在现场

在 TO C 销售中，通常客户是当场做出采购决策，销售人员有足够的机会在客户做出最终决策时当场施加影响（这也是零售特别注重"话术"和"异议处理"的原因）。但是，在 TO B 销售中，客户决策时销售人员通常不在现场，这就对销售人员提出了新的要求。

首先，在客户内部一定要有支持者，当客户内部进行讨论时，由于销售人员不在现场，一定要有人帮助销售人员说服其他人。同样，你不知道客户方的相关人员在内部做了些什么，他们是怎么评价你的，他们到底是在帮你还是在帮对手，这些，也需要支持者帮你打探。

其次，需要培训好自己的支持者。在信息的传递过程中，会产生大量衰减，支持者在内部传递哪些信息，做哪些动作，是需要销售人员和他事先规划好的。

在这些特点中，最重要的是第一个：多人决策。大客户销售正是因为这一特点的存在，才显得复杂和扑朔迷离，需要销售对客户的组织结构和内部关系有准确的识别。

「大客户销售中的"道"与"术"」

由于大客户销售的这些特点，有两方面关键的技能是销售人员必须具备的。

　　一个是"术"，指的是如何把控一次拜访。从流程上来看，包括拜访前、拜访中和拜访后三个阶段，拜访前需要做的是访前准备（设计目标和信任手段，准备信息清单、提问清单，等等）和约访；拜访中需要做的是增强好感、收集信息、挖掘需求、呈现方案、建立优势、树立标准、提出要求；拜访后要做的是总结和跟进。

　　另一个是"道"，指的是如何把控一个项目的能力，包括为本次项目设置目标、分析决策结构、建立销售路径、引导需求、提出价值主张、设置竞争壁垒等等。

　　"道"是策略，通过策略分析，要保证的是销售人员在正确的时间，约见正确的人，做正确的事。"术"是战术，是在见到了正确的人之后，如何通过高超的战斗技巧，让这个人接受和信任。"术"是在"道"的指挥下展开的，先见谁、后见谁、不见谁，见了以后谈什么，谈完了需要对方做什么，都需要在"道"的谋划下去执行，而不是靠着自己的口才去打遭遇战。在 TO B 销售中，搞定一个人不能保证成单，如果你从第一步的谋划就错了，高超的"术"也无能为力，甚至你会发现，某些人无论你怎么努力都搞不定，这是"道"的问题，而不是"术"的问题。

⧹⧹ 案例

　　吴佳是一家培训公司的销售，他和 X 公司人事部主管培训的徐经理在一次展会上认识之后，聊得不错。徐经理对吴佳介绍的两门课有兴趣，也正好有预算，按照徐经理的要求，吴佳做了培训方案和报价。几周之后，徐经理告诉吴佳，老板很重视这事，项目的范围会扩大，覆盖的人数和场次都有增加，要选择的课程也不只两门了，吴佳很高兴，重新做了方案提交。沟通中，徐经理提到业务部门的负责人也推荐了一家供应商，不过他更看好吴佳。在等待这个项目决策的同时，徐经理在自己的权限范围内和吴佳签了一个小的培训单子，老师讲得很精彩，参训人员都非常满意，徐经理也很高兴。一切都很正常，看来只要X公司的内部流程走完，签下这单只是时间问题。又过了几周，徐经理那里传来消息，老板拍板，选择了另一家供应商，人事部这边也没办法，很遗憾。

事后，吴佳得知，那家竞争对手和业务部门的负责人达成了一致，把这个项目的范围扩大到了整个销售管理体系的重建，而不是上几门课这么简单，并且通过业务部门找到了老板，将这个项目作为今后三年业务推动的有效手段，打动了老板。

以上这种输单场景，在大客户销售领域每天都在发生，我们可以列举以下几种情况：

客户已经做过两轮产品考察了，居然又取消了本年度的采购计划，销售预测出了巨大缺口。

明明每天和你吃吃喝喝关系挺好，开会讨论时居然摆出一副公平公正的态度不帮你说话。

拿到的标书一看就是比照着对手的参数来写的，就算把价格放到底，也难有机会。

你已经无数次强调自己的价值了，客户还是只跟你谈价格。

你已经搞定了使用部门出了技术标准，采购权限突然上收到集采部门，你的支持者没有话语权了。

机器终于顺顺当当进场了，还没来得及高兴，售后服务出了问题，紧跟其后的更大规模的招标中，被客户全面封杀。

项目已经基本实施完成了，可是客户就是各种挑毛病不验收，款项就是迟迟不到位。

…………

这些都是大客户销售人员每天在经历的痛，而这些痛，都是靠"术"无法解决的。当然，"术"在销售当中也很重要，谋划得很清楚而见人单挑的本事不行，也无法拿下单子，但是相对来说，"道"上的盲区对一张单子来说更为致命，不谋全局者，不足以谋一域。如果以战争来打比方，"术"决定的是一次战斗的胜负，"道"决定的是一场战役乃至战争的胜负。

遗憾的是，市场上大量的销售培训课程和书籍，讨论的都是"术"的问题，或者硬性装载了一两个组织结构分析的模块，大量的篇幅还是在讲"术"，而没有讲清楚对一张单子的谋划究竟应该怎么做。

这本书讲的是"道"，不涉及具体的拜访技巧，书名叫"谋攻"，"谋"在"攻"之前，先"谋"而后"攻"。"谋"意味着要谋三个方面：人，即决策结构；事，即业务价值；流程，即游戏规则。我们将在第二章用整整一章的篇幅来讲这三个方面。在这一节里，我们先用孙子兵法里的几句话来对"道"加以描述。

第一句是"夫未战而庙算胜者，得算多也；未战而庙算不胜者，得算少也。多算胜，少算不胜，而况于无算乎！吾以此观之，胜负见矣。"这句话说的是古时拉开战斗序幕之前，君主在宗庙里举行仪式，商讨作战计划，大战还没开始，就已"庙算"周密，充分估量了有利条件和不利条件，开战之后就往往会取得胜利；拉开战斗序幕之前，没能进行周密"庙算"，很少分析有利条件和不利条件，开战之后就往往会失败，更何况开战之前无"庙算"呢！

大客户销售过程中，接触客户前的准备，与客户交往过程中对需求的挖掘，提交方案前对标准的认识、影响和匹配，以及在成单后对客户疑虑和关系的管理，都需要"庙算"，而不是打无准备之战。

第二句是耳熟能详的"知己知彼，百战不殆"。里面的"知己"包含了三个层次的含义：一是知道自己的销售目标，说得清楚点是"这一次销售当中希望卖给客户的具体的产品/服务"，目标不同将导致后续的销售手法和竞争局势不同，如果发现自己的销售目标和客户不匹配，就该调整；二是知道自己可以调动的资源；三是知道自己的推进流程和节点。

"知彼"同样包含了三个层次的含义：一是客户的采购流程和关键节点，以此来判断自己身处何处；二是客户关于此项目的决策结构及成员的关注点（即前面说的人和事）；三是客户对参与竞争的各家供应商的看法，或者说是各竞争对手的行为对客户的影响。

第三句是"胜兵先胜而后求战，败兵先战而后求胜"，指的是能够取胜的军队往往在投入战斗之前，已经做了深入的分析，有了如何取胜的策略。而吃败仗的军队往往是不管能不能胜，先打了再说。在大客户销售当中，第二名是没有任何奖励的，举个例子，一个项目经过三轮筛选，八进四，四进二，二进一，最大的赢家是最后拿下项目的那个"一"，最惨的是一直陪跑到最后的那一家。

在大客户销售领域无效的格言

在销售领域里，有很多流传很久的格言，那些丑小鸭变身白天鹅的传奇总是让新入行的销售们热血沸腾。比较遗憾的是，这些格言大量产生于 TO C 领域，在 TO B 这个领域里是没有用的。

一、坚持就是胜利

"坚持"在销售领域里被提到的频率非常高，经常会有人举出针对一个客户的连续拜访次数来证明坚持的重要性。每一次大客户销售的培训班上，我们都会要求学员撰写自己的亲身案例供教学使用，在收集到的销售案例中，很多学员把"精诚所至，金石为开"列为成功的重要因素，出现的频率高居前三（还有两个原因是"领导重视，身先士卒"和"兄弟同心，其利断金"）。可是，把大客户销售的成功归结为坚持是错误的，或者说得客气一点是无效的。

案例

刘丽是某市的一家保险公司团体保险的销售人员，这一年，她和该市的一家企业做成了一笔 500 多万元的业务（这笔业务是当时她所在的分公司的历史最大单），在分享成功经验时，刘丽称自己在客户那里"上了两年班""每周去拜访客户三次"，和企业的人力资源部建立了很好的关系。在长期接触之后，人力资源部经理突然表现出了明确的采购意向，不过，希望采购的产品根本不是她在两年里持续推荐的补充养老产品，而是补充医疗产品，刘丽按照客户的要求提交了相应的方案之后，迅速签下了这一单。由此，刘丽得出结论，这一单成功的原因就是坚持，而且，刘丽将市里的知名企业列了张清单，从中选出了五家，准备用这个方式逐一攻克。不过，此后两年，这五家客户无一签约。

类似这样的案例，在很多公司都会看到，也会被当成"坚持就是胜利"的范例而加以表彰。但是，这个案例当中，销售的操作手法存在着巨大的风险：首先，对于没有任何合作的客户，每周去三次还能不令人厌烦，对销售来说是一个巨大的挑战，这一单能成功完全是良好的私交在起作用，需要花巨大的精力才能维护住这样的客户关系；其次，两年的时间，销售并不知道对方的真实需求是什么，也没有做出任何有效的动作推动客户决策，销售机会的出现完全是一个意外，也就是说，这一单实际上是失控的，销售并没有有效地引导和控制客户的采购行为，如果竞争对手有高手参与这一单，恐怕销售就拿不到这笔业务了；最后，花两年时间如此高频度地来维护一个没有任何产出的客户，成本非常高，如果每一单都要如此投入，恐怕很难得到公司的支持而必须放弃。

在很多类似的案例中，坚持并不是获胜的原因，充其量只是因此得到了和客户接触的机会，"坚持就是胜利"这句话，在大客户销售的领域里是无效的。

二、拒绝是销售的开始

这里的拒绝，也可称为异议，指的是客户在对你挑毛病，表示不同意成交。

在刚刚入行时，就听到"拒绝是销售的开始""客户通常会连续拒绝你六次"之类的格言，引申开来，还有"嫌货的才是买货的""客户提出异议是对你感兴趣的表现，欢迎客户提出异议"。直到今天，这些格言仍然很流行，仍然有很多的销售训练是针对客户拒绝（或者异议）的"话术"，力争在第一时间"解决"客户的异议，说服客户进行采购。

可是，这样的观点，在大客户销售这个领域里并不适用。著名的销售专家尼尔·雷克汉姆在他著名的《销售巨人》（*SPIN Selling*）一书中，对异议有下面的结论：

"异议处理不是像许多培训课程强调的那样是非常重要的技巧；异议的产生来自卖方的比来自客户的要多；技巧熟练的销售人员收到的异议要少一些，因为他们已经学会了防范而不是处理。"

把这段话说得再直白一些，意思就是：

（1）客户的异议往往是销售造成的，是销售的错误行为导致了客户的对抗反应。这些错误行为的根源在于没有帮助客户厘清真实需求，就推荐了产品/方案，这种推荐通常是不合适的，也不能得到客户的信任，于是就产生了异议。

（2）异议不是采购的信号，恰恰相反，收到的异议越多，丢掉单子的可能性越大。异议代表的不是客户感兴趣的信号，而是客户对你的东西不认可，这种不认可越多，当然是无助于销售成功的。而且，在大客户销售中，通常客户会有足够的时间来考虑你的提议，经过深思熟虑之后的异议，往往是致命的。

（3）异议需要防范而不是处理。销售训练中应该教会销售人员如何防范异议，不要让异议发生，而不是训练销售人员发生异议后怎么处理。

在大客户销售中，处理异议是一件比较困难的工作，如果客户提出异议仅仅是因为有所误解，澄清起来还比较容易；如果客户认定你不符合他的需求，异议是很难处理的，即使销售人员处理了某一个异议，客户也会陆续提出来其他异议，即使客户在销售人员高超的话术面前哑口无言（通常不会出现这种情况，说到底，客户还有一句异议是销售无法应对的，"你说的挺好，但是我还是认为这不是我们想要的"），心里的不满也无法消除。优秀的销售需要做的是提前防范异议而不是事后处理。所谓防范异议，指的是通过前期的需求开发，让客户与销售就此次采购的目标、关注点、收益等问题达成一致，从而当销售人员呈现方案时客户不会提出异议。

"拒绝是销售的开始"往往会和"坚持就是胜利"共同出现，两者的共同特点是强调态度决定一切，强调通过勤奋来替代技巧。态度和勤奋确实很重要，但是，大客户销售是一种复杂的销售形式，销售人员对销售规律的深度把握和高超的销售技巧才是成功的关键。更为糟糕的是，强调态度很容易走到以自我为中心的道路上，忽略对客户的深度分析，不理睬客户拒绝和不采购的理由，反正就是要坚持到底，这样的做法，完全背离了大客户销售的基本要义。

三、要学销售，先学做人，客户接受了你的人，也就接受了你的产品

这也是一句让销售们耳朵听出茧子的金玉良言，很多的销售故事都在讲销售人员如何真诚对待客户，让客户的态度从排斥到接受最终到热情，然后谈成了生意。

同样，这句话是有问题的：

1. 客户不接受你的人，未必是你做人有问题

在大客户销售中，客户不接受销售人员，未必是销售做人有问题，引起客户抗拒的原因有很多，比如，为了避嫌可能对所有的销售都敬而远之，公事公办；已经和竞争对手达成了合作意向所以对其他家的销售不理不睬；暂时没有采购意向所以不想浪费时间接待销售；采购你的产

品会触动他的部门利益。凡此种种，跟销售如何做人没有关系。

2. 客户接受了你的人，未必会接受你的产品

我们承认在大客户销售当中，关系非常重要，但是关系好并不意味销售一定成功。

案例

王经理是某银行的对公客户经理，他手里有一家合作了多年的客户，王经理跟这家客户的财务经理关系非常好，五年前他跳槽到新银行时，凭借着良好的个人关系迅速和这家客户开展了业务往来，目前每年有2亿元左右的贷款，在分行里也算是一个大客户了。

可是，分管行长对王经理的工作并不满意，因为王经理在这家客户身上分到的业务规模不足5%，而且最近三年始终没有变化。

如果不深入分析，这个案例中的客户会跟王经理与新的银行展开合作，简直就是"客户接受了你的人，也就接受了你的产品"的例证。可是，仔细看下来，王经理在客户那里的份额无足轻重，也没有办法进一步拓展，现有的业务合作几乎就是客户看人情面子"施舍"的。

在大客户销售中，貌似跟客户关系不错，但始终没办法开展业务合作的例子屡见不鲜。我们分别以个人关系和业务帮助为横纵轴，把销售人员分为四类，如图1-1所示。

第一类是个人关系差、业务帮助小的销售，基本没什么业务机会。性格温和一些的采购者不会让你太难堪，对于日常的联系可能也不排斥，但是不会寻求合作。

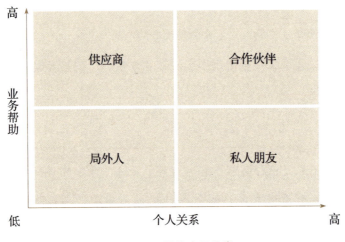

图 1-1　销售人员分类

第二类是个人关系好、业务帮助小的销售。出于对朋友的照顾，客户会给销售一些单子，但通常会控制在额度低、风险小、对业务影响不大的范围内。这一类，我们确实可以说成是靠关系出单了，但是，产出往往没有达到最优，浪费了良好的个人关系。

第三类是个人关系差、业务帮助大的销售。这一类销售通常凭借出色的方案技能获得业务。有些时候，即使客户与销售人员的个人关系不好，甚至是不喜欢与这个销售打交道，但是，在产品的吸引下，也依然有可能成交。只是，一旦有品质同样过关的供应商出现，客户会倾向于更换。

第四类是个人关系好、业务帮助大的销售。这一类销售会被客户当作合作伙伴，有长远的发展。

所以，仅凭个人关系，可以获得业务，但是出不了大单（当然，仅凭产品也做不到）。顺便说一句，人际关系与方案技能俱精的销售人员不多，特别是在解决方案极其复杂的项目中（例如政府的信息化建设项目）这种全才更为罕见，这也就使得大单销售当中往往是团队作战，销售的主要责任是控制项目的进展、搞好客户关系和对接内部资源。

同样，市场上的销售培训课程和书籍，还是有相当高的比例充斥着这些格言，格言没错，只是适用的场景不对。大客户领域里也偶然有符合或者是表面上看起来符合格言的案例，但是，从整体上来看，这些格言是无效的。

「大客户销售的理论流派」

批完格言，我们说一说大客户销售领域里常见的理论流派。

一、术，即拜访技巧的层面

（1）大家应该都听说过一门课程叫"专业销售技巧"，很难说这个方法论起源于哪里，但叫这个名字的课程只要是家培训公司估计都会开。可是，市场上很多叫这个名字的课程是脱胎于零售技巧的（甚至很多叫"大客户销售"的课程也是脱胎于零售技巧的，可以看看前文，只要有类似于格言的描述，都脱离不了零售）。

（2）尼尔·雷克汉姆的《销售巨人》中提到的 SPIN 是销售领域里革命性的技巧，还是史上第一个基于销售案例收集、数据分析提出来的销售技巧方法论，但凡讲销售沟通中的提问技巧，几乎无法绕过 SPIN，而且无论提问技巧做出何种变形和升级，底子也是 SPIN 的逻辑。SPIN 对销售培训领域的影响也非常大，市场上很多冠以"大客户销售""顾问式销售"甚至是"解决方案销售"名称的课程，核心内容都是在讲

SPIN，讲拜访流程，讲如何挖掘和扩大客户的需求并促使对方做出决策。

（3）威尔逊学习公司（Wilson Learning）的两本著作《双赢销售》和《灵活应变的销售》属于真正适合 TO B 销售的技巧方法论，用杜斌销售法和信任四支柱直击如何快速和客户建立信任。《灵活应变的销售》把客户和销售人员按社交风格分为四类，如果你觉得这个描述不太好理解，那么，你是否做过测试，看看自己属于老虎、孔雀还是变色龙？方法论基底是一样的。

（4）黑曼的《新概念销售》（*The New Conceptual Selling*）里面的常见术语有：概念、单一行动目标、行动承诺等等，这些词听起来有点拗口，但是用惯了也很难找到更好的词来替换。最近几年，在中国市场有不少讲师和课程套用了黑曼的这套方法（当然是改了名字的）。

二、道，即谋略的层面

（1）雷克汉姆的《大客户销售策略》（*Major Account Sales Strategy*）。很遗憾目前还是没有看到中文版。同样，市场上很多著名的课程和书籍都有它的影子。

（2）黑曼的《新战略销售》（*The New Strategic Selling*）。如果读者对这本书并不熟悉，那么，我再说几个词"EB、TB、UB""蓝表"，是不是有很多读者就熟悉了？

（3）《大客户销售：谋攻之道》，也就是本书。我们当然不敢说可以和以上两位泰斗级的人物并肩，但是这本书在大客户销售领域里算是难得一见的好书。

之所以在第一章的末尾特意讲这部分内容，是因为这本书不是在讲某一个或某几个"一招制敌"的销售技巧，而是系统地讲清楚了 TO B 销售的体系和关键，所以，我们希望读者既能从实际运用的角度出发把这本书作为行动指南，也能深入地学习和理解 TO B 的底层逻辑，不要被市场上很多花哨的概念和噱头所迷惑，不要去学习那些拼凑了若干个模型的"速成大法"。

　　要学，就学经典的。

第二章

大客户销售的三个关键词

「为什么输？为什么赢？」

首先，请读者们考虑一个问题，在你的公司/团队里，如果有人丢了一张单子，你问他为什么会丢，他的回答是什么？高层关系不行？产品和方案不行？成功案例太少？价格太高？公司的反应比较慢？货期不行？同样，如果一张单子赢了，你问他为什么会赢，他的回答又会是什么？把上面那些理由反过来说，就是赢单的理由吗？

我们希望读者们通过学习本书，至少能做到一件事：一张打完的单子摆在你面前，或者，当你复盘自己打过的单子时，你要能准确地判断出为什么会赢，为什么会输。

我们先来看四张输掉的单子，你猜猜丢单的原因可能是什么。

第一张单子，以内部评标的形式决定供应商，主要是我们和一家友商两家竞争，参加评议的一共有 7 个评委，其中有 5 个人是支持我们的，最终结果是选择了对手。

第二张单子，销售打动了客户的总经理，新的一个项目当中，第一轮就把我们最大的竞争对手给挤出局了。在过去的很长一段时间，我们但凡遇到大项目的招标都输给了这家竞争对手，这一次它出局了，看起来我们机会很大。可是第二轮招标过程当中，帮我们干掉竞争对手的领导，又打压我们，导致单子丢了。

第三张单子，销售是一家银行的对公客户经理，已经和客户分管海外业务的老总谈好了合作，就等着这个客户上会走流程了。可是会上财务老总力挺竞争对手，我们的方案连讨论的机会都没有。

第四张单子，销售面对的是一家老客户的新项目，跟客户的关系也很好，是客户负责的这个项目的分总管打电话催着这个销售来参加的，而且并没有公开招标，只是走了一个竞争性谈判的流程，邀请了三家供应商过来聊一聊。所有人都认为这张单子是内定好了的，但是谈完之后，这张单子给了竞争对手。

这几张单子是怎么丢的？其实，以目前透露的信息来看，根本就猜不准，无论作为读者的你此时想到的原因是什么，都有可能对，也有可能不对。我们把背后的故事补齐，就会发现这里列出的四张单子，都输在"道"上，跟"术"的关系不大，其实，在大客户销售这个领域里，单子的成败基本都是由"道"来决定的。

第一张单子，参加评标的 7 个评委，有 5 个是我们的人，可是对手说动了客户的一把手临时来参加评标，而且一把手在会上说，打分太麻烦了，咱们举手表决吧，然后他率先举手支持我们的对手。没有人敢让他别参加评标，也没有人敢在现场明确反对他的意见。

第二张单子，此地的采购以前一直是采购部门的负责人和分管采购的副总两个人来把持，之前我们屡屡败北就是因为那个竞争对手是这两人的专用供应商。而总经理对这一状况有所不满，这一次出手参与采购，淘汰那一家就是为了震慑副总经理，希望他有所收敛。可是我们没有意识到这一点，在进入第二轮之后，我们通过关系找到了副总，争取到了他的支持。总经理发现采购副总在支持我们，在第二轮就把我们也淘汰了，以确保此次采购充分贯彻他的意志。

第三张单子，客户是一家集团公司，虽然海外业务的老总跟我们谈得不错，但是财务副总和竞争对手一起给了一个综合方案，建议集团把各个事业部、各个子公司的现金归拢到集团，做集团的现金池，由集团来统一管控，这样可以极大地减少集团的财务成本，获得更高的收益。这样的方案在集团层面提出的时候，没有人有理由反对，所以海外业务部因此失去了跟我们独立合作的决策权。

第四张单子，虽然我们和客户的关系非常好，但是我们疏忽了方案的设计，对手的方案聚焦在客户的业务目标，指出了客户做这个项目是希望获得什么，希望在哪些业务指标上取得变化，因此需要如何去实现。与之相比，我们做的方案就是个施工计划（这是实际案例中客户的原话）。什么叫施工计划？施工计划就是明确你要哪些东西，什么时间要，需要什么时候完工，预算是多少，我派多少人来给你安装，什么时间可以给你全部安装完成。两者相比，没有人可以决定把这个项目给我们，因为实在是差得太远了。

如果没有篇幅的限制，这样的案例我们可以一直列下去，在过去的10年里，我们公司的每位顾问每年要收集 1 500 个真实的案例，访谈和分析其中的 500 个用于授课，我们可能是这个市场上看过真实打单案例最多的公司。从这些案例当中，我们发现，很多人其实不知道自己这张单子赢在哪里、输在哪里，不知道赢了的单子是不是还有漏洞，输了的单子是不是还有机会捞回来（就算本项目捞不回来，后续这个客户的单子是不是有机会捞回来）。

回到现实当中，你觉得操作这几张单子的销售，在销售例会上会说什么？如果我们问得再深一点：

　　第一张单子，没有搞定老大我们不知道吗？做了什么防范？

　　第二张单子，老总为什么会突然插手采购我们知道吗？看清了里面的决策结构和政治关系吗？为什么当时要去做副总的工作而不做老总的工作呢？

　　第三张单子，我们知道财务副总的话语权更大吗？知道客户的合作流程是什么吗？什么范围内的合作不需要上会就能开展？

　　第四张单子，我们知道客户方的业务目标吗？知道竞争对手的方案吗？

　　当我们针对一个项目做深度的研究时，会发现很多时候销售人员考虑得太少，被表面的信息和态度所迷惑而错失战机。我们希望各位读者在阅读了本书之后，能够在工作中多想一想，这张单子为什么会是目前的局面？客户告诉我的话是真的还是假的？如果我在销售例会上汇报我的单子，我能回答得出前面列的那些问题吗？深究下去，往往会让人发出那句著名的感叹：你以为你以为的就是你以为的啊？

　　大客户销售是一个对"智"要求比较高的工作，这个"智"指的是销售能够看透迷雾，找到决定一张单子的最重要的因素和最有效的销售动作。

　　如果我们再深入一步，一名优秀的销售着眼的应该是三个指标：

　　（1）赢率。简单来说就是 10 个单子摆在你面前你能拿下来几个。这个不用多解释了，销售的首要任务就是把单子拿下来。

　　（2）利润率。也就是单子做下来挣不挣钱，不可否认价格是成单的重要因素，在很多项目当中我们要根据竞争形势在价格上做出一定的让步。但是，对于销售而言，给公司带来合理的利润和完成销售额一样是天职。如果一名销售只是靠拼价格来拿单，那他对公司和客户的价值就大打折扣了，从长期来看也生存不下去。

（3）客户健康度。做大客户销售需要跟客户保持长期的合作关系，在进行每个项目的 PK（竞争）和实施时，都要考虑长久的合作。一张单子做下来，不能以损害客户关系为代价。

大客户销售的三个关键要素：人、事、流程

拿下一个项目，有三个关键要素需要考虑：人、事、流程。

一、人

第一个关键要素是"人"，或者叫"找对人"，包含三个要点：你该找谁？怎么能见到他？见到了怎么搞定他？这里面又涉及几个基本概念：

1. 组织结构

组织结构指的是按照组织的正式分工，有哪些人会参与这个项目，相互之间的汇报线如何，其表现形式是组织结构图，这个工具相信大家都不会陌生。销售在分析一个项目的组织结构时，最关键的要求是要保持完整，完整并不是让销售搞清楚一个组织内部所有的人，而是指：

（1）重要的部门或条线不能遗漏。常规来看，一次采购会有三个部门或者三个条线参与：使用部门（往往是需求的发起部门），技术部门（产品和方案的评估部门），采购部门（采购动作的实施部门，比如招标、谈判）。有些时候，相关条线可能不止一个部门，也有一些特殊的

项目里可能某两条线有重合（比如使用部门和技术部门重合），销售需要搞清楚这些相关部门，不能遗漏。

（2）重要岗位不能遗漏。重要岗位指的是在正式汇报线上的重要人员。举个简单的例子，某个单子里负责选型的技术工程师向经理汇报，经理向分管技术的副总汇报，副总向老总汇报。但是，销售只"打"到技术工程师就不再往上"进攻"了，或者销售通过技术工程师向技术部门的副经理汇报，然后跳过经理向副总汇报，这都属于遗漏了重要岗位的人员。

不能遗漏，不是指你一定要搞定这个人，现实当中也不可能搞定所有人，而是指你对这个人的存在是清楚的，搞定或者不搞定都是你思考之后的选择。比如，你知道这个部门有经理，但是，在这个项目当中，这个经理出于某种原因不想参与，或者金额就在副经理可以决策的范围内，你不去搞定他完全可以。或者，这个部门经理和副经理不合，你选择走副经理这条线而放弃经理这条线，也没问题。但是，你不知道这个部门有经理，或者明明知道有经理但是忽视了他，就属于遗漏了这个人，是不对的。

遗憾的是，现实当中，大量的销售人员会犯这个错误，而凡是被遗漏的人，都是给自己留下的风险。

2. 决策结构

决策结构指的是一个组织内的政治关系，搞清楚决策结构，意味着搞清楚了两个问题：

（1）谁说了算？或者说，谁的影响力更大？

从组织结构来看，有很多人都参与采购，都对采购结果有影响，但是，每个人在项目中的影响力是不同的。一个项目有可能是某个部门负责人说了算，也有可能是某位老总说了算，甚至有可能是这个组织的上级公司或是政府主管部门的某个人说了算，当然，也有可能是几方博弈分饼。

更为复杂的情况是，谁说了算是有可能随着项目的推进而发生变化的。采购可能会分成若干个阶段，在不同阶段的话语权不同，比如第一轮进短名单由技术把关，第二轮选择最终供应商由采购把关，话语权就会有转移，这还是一个简单的例子，比这种情况更复杂的单子比比皆是。

（2）组织里有没有派系？不同的派系之间有对抗吗？每个派系的老大是谁？组织里谁是他的人？谁对他的影响力比较大？在这个项目里面有不同派系参与吗？有对抗吗？

同样，这种派系也会发生变化，由于大项目的周期比较长，很有可能在项目的推进过程中，两个原来关系一般的人结成了同盟。比如，某位空降的领导地位逐渐巩固，下面中层的态度也从观望变成了效忠。

实际工作中，有相当比例的销售人员搞不清楚客户的组织结构和决策结构，从而犯下两个常见错误：

第一个常见错误是"吊死在一棵树上"，相信靠着某个人能拿下这个项目，特别是当销售有高层关系时更容易犯这个错误。

一个大项目会涉及多人决策，只搞定了某一个人或是某一个部门并不能保证你拿单，即使是搞定了客户的领导，他也未必愿意承担单独决策的风险，他的拍板也需要相关部门提供分析对比，以提供足够的支持，他有他的顾虑，"吃相不能太难看"。而且，很多时候，这个领导并不一定能完全掌控局势，说不定还有人跟他对着干呢。退一步说，即使这个领导真的可以把这个项目拍板定给你，你还需要和具体的职能部门确定交付内容，得要签一个比较有利的合同，得能顺利验收和回款，得在客户内部留下良好的口碑，最好能把这个项目做成标杆给其他项目做成功案例，这些都不是只搞定某一个人可以做到的。

案例

李菁是某知名医疗设备公司的销售，她熟悉的一位医院院长刚刚调到另一家规模和名气都更大的医院担任院长。这家医院计划要进一台大型设备，以前这家医院一直被李菁的竞争对手把持，完全没有机会进入。这一次，李菁借着院长的关系参与了项目，院长也很支持她，但是，三个参与设备采购的职能科室的负责人联合出具了一份报告，力挺竞争对手，院长也只能无奈地同意了。

这个案例就是新来的老大搞不定中层，没法把单子给到销售（当然，还是有后续的合作机会的），销售要么在中层也取得突破，要么请院长推迟项目，等待院长地位巩固之后再启动。

第二个常见错误是找错了人，读者可能有过这样的经历：客户里的A开始跟你关系还过得去，突然发现你跟B走得很近之后跟你的关系急转直下，这是在客户内部存在权力冲突造成的，A希望自己的供应商能跟B划清界限。无论主动或被动，销售被卷入这种冲突之后，如果在决策结构上判断不准确，就很容易找错人，比如，本章第一节里描述的前三张单子都涉及对决策结构的误判，特别是第二张单子，之所以丢了就是因为在政治上踩了雷，销售不应该去"投靠"副总。

3. 销售路径

组织结构和政治结构解决的是该找谁的问题，销售路径解决的是你怎么见到他的问题。我们把这件事情简化一下来加以说明，假设某张单子中说了算的是这家公司的总经理，销售路径指的就是你通过谁可以见到和影响到这个总经理。

于是，销售就要面临两个问题，第一个问题是：这个人不见行不行？当然不行。比如本章第一节的第一个单子，你明知道总经理能做出决策，就是不见他，那么只能祈祷对手也没搞定他，或者这位总经理压根不想管这件事，这就是把成单的希望寄托于他人或是运气。第二个问题是：怎么见到他？最有效的手段就是通过内部人员的引见，这就是在客户内部建立销售路径。这个问题，我们在第四章和第五章会有进一步的阐述。

4. 买点和卖点

买点解决的是见到了人怎么搞定的问题。

我们给买点这个词下个定义：买点指的是采购者个人选择我们的理由，也就是做了这件事情对他有什么好处。每个参与采购的人员的目的均不同，每个人都会选择对自己最有利的供应商，这个"利"并非是不合法的、见不得光的灰色利益和潜规则（当然，不排除有些单子当中存在这种不合法的利益），而是一个人在采购当中的正当诉求。比方说，一名"技术控"希望在采购设备时选择最先进的设备便于自己学习，一名采购经理选择支持总经理介绍来的供应商以减少麻烦，一名总经理否掉老供应商希望以此来提醒和老供应商有利益往来的手下收敛。这些个人利益就是买点，都是销售人员需要去识别和满足的。

买同一个产品，不同的人的买点是不同的，同一个人也有可能有多个买点，哪家供应商能满足的买点更多、更重要，采购者就倾向于支持哪家供应商。

与买点相对应的词叫卖点，指的是采购者用来说服组织内其他人支持自己选择的供应商的理由。这些理由是一些听起来符合组织利益同时与采购者个人无关的点，这也是大客户销售的特点，每个人都是基于个人的买点做出选择，但是在台面上要基于卖点来强调自己选择的合理性，去说服其他人。比方说，技术控想要选择最先进的设备是为了便于自己学习，但是在内部讨论时他不能这么说，而只能强调设备的高性能。

销售要注意两个问题：

一是买点和卖点不是一回事，不能混为一谈。买点和卖点是有关联的，也有一定的重合，比如设备供应商对使用部门提供培训，可以让操作人员更快上手，更高效地使用，这是卖点，采购部门的负责人可以用这一点来说服使用部门。同时对于采购部门的负责人来说，这样做可以极大地减少实施的风险，使用部门也会因此而感谢他，这是买点。但是，这两者仍然是不同的，如果销售不能准确发现客户的买点而只强调卖点，很难和对方建立真正的同盟，更不用说某些情况下买点和卖点有可能是分裂的。

二是不同的人的买点往往是不同的，比如采购部门可能会看中价格，因为控制成本对他们来说是重要的关键绩效指标（KPI），但是使用部门则希望使用更好的产品，不希望为了省钱而加大自己的工作量。销售要找到那些真正能打动他们的点，在不同的人面前强调不同的利益。

二、事

第二个关键要素是"事"，或者叫"做对事"，核心要解决的问题有两个：客户为什么要买你的东西？客户为什么买你的而不买别人的？

要回答第一个问题，销售得搞清楚两件事：

（1）各采购参与者特别是高层需要解决什么问题，实现什么目标？这个问题听起来很简单，可是，在授课现场，学员的第一反应往往不尽如人意。举个例子，在一次医疗设备销售的培训中，我问："医院为什么要买你的设备？"学员给的回答是："只要医院有这个科室，就一定要买这个设备。一线品牌就两家，不是买我们的就是买友商的。"我再深入问："是因为以往的设备到使用年限了要替换？是因为医院建了新院区门诊量增加，原来的设备不够用？是因为科室要开展新的术式所以要更新设备？是因为主任或是院长想要大力发展这个学科所以要花大力气升级硬件？是因为医院引进了某个学科带头人拿到了项目要买高端设备……"学员的反应各不相同，有会心一笑的，有恍然大悟的，有陷入沉默的。这几年，随着中国市场的发展和成熟，越来越多的人开始研究TO B销售，"顾问式销售""解决方案销售"这些名字也已经普及，但是，如果前述的这个问题不清楚，无论如何对产品进行组合、包装，依然是推销的套路，离"顾问"还差得远。

（2）你的产品和方案是如何帮助客户特别是客户的高层解决问题的？在销售领域里有一项技巧叫"FAB"（特征、优点、利益），这项技巧已经存在了很多年（在雷克汉姆的《销售巨人》里对这项技巧也有非常清晰的陈述），相信很多读者都不会陌生。但是，想要用好这项技巧的核心是把自己的产品和对方的问题相关联。相信任何一家公司都会总结自己的"十大优势"之类的话术，但是，真正被客户看中的是你的这些优势怎么帮他解决问题和实现目标。本章开头的第四个单子之所以会丢，就是销售完全没有考虑客户的业务目标，只想着怎么尽快干完活拿钱。

回答第二个问题"客户为什么买你的而不买别人的"，销售要解决的问题是：找到自己和友商的差异化优势，并且让客户认可这个优势。

今天，产品同质化越来越高，想要树立差异化优势，上策是你能比友商更好、更早和客户（特别是高层）的问题相关联。如果这一步没有做到，就要设计具体的指标和参数，通过硬PK来干掉对手，这也是大家在招标中经常会用到的招数。

三、流程

第三个关键要素是"流程"，指的是客户按什么方式去采购。大客户采购有自己的规则，哪些人参加、要完成哪些工作、在什么时间节点完成、依据什么最终选定供应商，这些规则在组织内部通常是有明确规定的，甚至有些是法律所要求的。

╲╲ 案例

有一年10月，一家企业的业务部门在做第二年的工作规划时，提出要在第二年对销售人员进行轮训，这个需求也得到了企业领导的支持。于是，人事部对此项目立项，并开始寻找供应商。人事部先进行了一轮电话洽谈，选择了11家供应商进入第一轮方案展示。本轮只有人事部参加，从11家供应商里选择了6家进第二轮。对6家供应商进行了深入的调研，对方案进行修改之后，再进行第二轮竞争性谈判，这轮谈判参与的部门有人事部、业务部和财务部。3个部门的7人小组（财务部1人、审计部1人、人事部2人、业务部3人）对6家供应商进行打分，选择了综合分数最高的3家。在当年年底各开展两期培训班进行试点，根据试点的表现分配第二年的培训项目。

在上述案例中，三轮选择当中每一轮的负责人和评价规则都不同，任何一个环节的疏忽都有可能让你丢掉项目或是减少份额。随着采购决策越来越公开和透明，哪怕是组织的一把手，想要推翻按流程定下来的供应商，也有一定的难度，而且容易给友商落下可攻击的把柄。而且，越是重大项目，和组织的核心目标关联越紧密，想要推翻按流程定下来的供应商就越难，因为关注的人太多了，强行改变带来的风险太大。我们要成为游戏规则的制定者，让整个采购的规则倾向你，在每一个节点上让客户做出有利于你的选择。本章开头的第三个单子，就是在流程上出了问题，让前期的努力付之东流。

在本章的最后，我们对人、事、流程三个词各加一个注释，来方便大家记忆。

人：政治关系。

事：业务价值。

流程：采购流程和游戏规则。

找对人、做对事、踩对点（流程）是做好大客户销售的三个关键要素。

第三章

采购流程和销售流程

大客户销售面对的是组织，组织的采购行为跟个人的采购行为不一样，必须有流程有规矩，不像个人采购往往一时冲动就买了（当然，组织的采购意向之所以会发起，很多时候也是因为某个人的一时冲动，但冲动之后一定会辅以严格的流程）。"踩对点"是大客户销售的一项重要工作，"踩对点"意味着销售要熟悉客户的采购流程和游戏规则，同时，要据此调整自己的销售流程，以匹配和影响客户的采购流程。

还是先来看几张单子：

第一张单子，你接到了 A 客户的招标邀请，要求你三天内回复是否参与，如果参与，两周以后递交标书，在你负责的区域里，这是一个很大的客户，可惜过去你一直没能跟他合作，此次你也是接到招标邀请才知道有这么个项目。

第二张单子，你接到了 B 客户采购中心主任的电话，你一直在跟的这个项目即将邀请招标，他要跟你再确认一下，邀请哪几家公司来投标，招标的评分规则还要不要再调整。

第三张单子，你接到了 C 客户技术主管的电话，他表示他们正在当地筹建新厂，你们是业内知名品牌，想请你去跟他们交流一下。

第四张单子，你接到了 D 客户财务经理的电话，他跟你说你们参加的项目上周内部刚刚评定下来，准备与你们合作了，但是关于价格和保修期的事，还要再跟你谈谈。

很明显，这几个场景中有的采购阶段不一样，有的采购阶段相同但是销售面临的竞争局势不一样，不同场景下该做的销售动作也不一样。比如在前两张单子里，虽然客户都要开始招标了，但显然第二张单子的销售对项目的控制力更强，第一张单子的销售大概率是去陪标的。

采购流程和销售流程

在过往的销售培训中，每次课前我们都会问学员三个问题：

（1）你的销售流程是什么？每个阶段的销售动作是什么？

（2）你的客户的采购流程是什么？每个阶段的关注点是什么？

（3）你的销售流程和销售动作与客户的采购阶段匹配吗？

通常情况下，大部分参训人员都能比较顺畅地回答第一个问题，这很正常，大多数公司都会把自己的销售流程拆分成若干个阶段，传统的销售漏斗管理就是以此为基础的。对第二个问题的答复就没有第一个问题那么清晰了，特别是到了具体的项目上，有很高比例的参训人员讲不清楚客户此项目的采购流程是什么，哪个部门发起需求，哪个部门参与选型，哪个部门总结汇报，谁来拍板，要不要招标，招标是一轮还是多轮，等等。对于第三个问题，就有更高比例的人觉得不太好评估，看起来是匹配的，但是细究起来，有很多工作没有做到位。

理想状态下，销售与采购应该高度匹配，销售方卖出了产品，得到了利润，采购方则满足了需求，解决了问题。但是，实际情况中，太多的销售人员过于关注如何卖出东西，却不太考虑客户的需求点，使得销售动作与采购阶段脱节，采取了错误的销售动作。比如，客户还没有决定立项，销售人员就忙着提供产品和方案，白白耗费售前支持人员的时间和精力；

或者，把自己的关注点当成客户的关注点，由于对自己的产品有偏爱，就想当然地认为客户一定也会关注产品优势，忽略了如何展示产品优势与客户需求之间的联系；或者，忽略了自己和竞争对手的不同起点，比如，甲公司已经和客户就采购项目进行了深入联系，并开始进入投标阶段，乙公司则是收到招标函后才知道有这么一个项目，这时候，甲乙双方的销售动作就应该完全不同。上述忽视采购方的种种行为，会让销售动作不能取得良好的效果，进而增加销售难度，甚至危及整个销售机会。

其实，销售的产品和方案越复杂，客户就越希望得到销售方的帮助，希望销售人员在采购的各个阶段帮助他们解决各种问题。销售人员如果能够关注到客户的采购阶段，就会在竞争中占得先机。

上述道理，几乎所有销售人员都会认同，但是，对大多数销售人员来说，仅凭经验和感觉是很难做到的。

从采购流程来看，一次大订单的采购通常会经过以下四个阶段：需求确认、方案评估、解决疑虑和方案实施，在每个阶段，客户都有自己的典型问题和阶段转移标志，销售也有相对应的措施。如表 3-1 所示。

表 3-1　销售阶段和采购阶段的典型问题和措施

常见错误	销售动作	销售阶段	采购阶段	客户典型问题	阶段转换标志
• 是单就接 • 每单都付出同等的努力和资源	• 准确进行客户定位和机会定位	评估商机	需求确认（买不买）	• 我们有问题吗？ • 问题是否严重到需要花成本解决，要花多大成本？ • 现在是解决问题的时机吗？	客户认为问题严重到必须要改变，因此决定立刻采取行动
• 未能了解客户需求背后的问题 • 过早地做产品展示	• 深入理解客户需求背后的问题，扩大问题，促成决策	挖掘需求（让你买）			

续表

常见错误	销售动作	销售阶段	采购阶段	客户典型问题	阶段转换标志
• 不能了解客户制定决策所采用的标准 • 没有试图去改变或影响已存在的标准	• 根据客户需求树立标准，匹配标准 • 发现标准，根据客户影响标准，匹配标准	设立标准（买谁的，我最好）	方案评估（买谁的）	• 我们决策采购的标准是什么？ • 哪个供应商更符合我们的标准？	客户已经有明确的决策机制与标准，可以用它来选出一个或多个最终供应商
• 忽视客户疑虑 • 施加压力以促使客户尽快做决策	• 主动发现客户疑虑，解决疑虑 • 创造疑虑，扩大疑虑	确认合作（买的对）	解决疑虑（可以买你的吗）	• 潜在的风险是什么？ • 如果出现问题会怎样？ • 我们能信任这些人吗？	客户做出购买决策
• 不能把实施作为一种销售机会 • 不能预期实施中的薄弱环节	• 有效参与方案实施 • 积极开发新需求	管理客户（买的好，继续买）	方案实施（买对了吗）	• 我们能从这一决策中获得什么价值？ • 我们多快能看到结果？	产生新的需求及不满

「 买不买——大客户采购的需求确认 」

对于任何采购项目，客户首先要决定的当然是要不要采购，也就是要不要做这个项目，如果要做，项目目标是什么。通俗一点说，就是从未采购过同类产品/方案的客户要决定是否采购，已经有过类似采购的客户要决定是否升级和更换供应商。

在这个阶段，客户会做出三个判断：

第一个是，我们有问题吗？有问题才会有需求。问题是现状与期望之间的差距，它可能源于现在使用的产品表现不令人满意，或者无法满足企业今后发展的需要，也可能是与供应商的关系出现了裂痕。

第二个是，问题是否严重到需要花成本解决，要花多大成本？客户愿意支付的成本取决于它们对问题严重性的认识程度。有时候，客户的需求是明确的，它们清楚地认识到了自己面临的问题，以及需要采购何种产品。但是，在多数情况下，客户并不清楚自己面临的问题，或者虽然清楚自己的问题和目标，但是，不清楚要花多少成本来解决，心理预期可能远远低于销售的预期。这时候，销售人员就需要帮助客户对现状进行剖析，让客户看到解决方案的潜在价值，从而使他们减少对成本的担忧，选择我们所建议的建设方向。

第三个是，现在是解决问题的时机吗？即便客户已经认识到问题的严重性，也未必会马上着手解决。一方面，客户的资源（预算）是有限的，需要按问题的轻重缓急和内部平衡来确定资源的分配次序，很多大项目会分期，一期做什么达到什么效果，二期做什么达到什么效果，就是基于这个考虑。另一方面，客户会出于自身利益的考虑来决定何时启动和完成项目，比如项目必须在某个特定的时间点完成，在某个关键的时间点不适合大张旗鼓地做项目。

一、需求确认阶段的销售策略

当客户处在采购流程的第一阶段时，销售人员需要做两件事：一是评估眼前的销售机会；二是发现和引导需求。

二、评估商机

并不是所有销售机会都值得销售人员去全力争取，销售人员需要在接触初期就对客户做出一个基本评估，以确认自己投入多大的精力。销售人员主要需要评估两个方面的问题：

一是值得赢吗？就是这张单子我打还是不打？需要评估此单的收益和成本。销售人员常犯的错误是，只要看到销售机会就投入精力，认为"一个都不能少"，这往往会造成资源的浪费和分散，也会为自己带来一些不必要的失败，影响士气。正确的做法是，在初期对商机做出评估，制定目标（想要拿下全部业务还是分一块就好，是志在必得还是装装样子），并据此投入相应的资源和精力。

二是可能赢吗？就是这张单子我要怎么打？需要考虑竞争态势，找到自己的独特价值。

三、挖掘需求

从销售进入一个单子的时机来看，可能面临着三种可能：

第一种：客户已经决定要买谁的了，但是还没招标、没签约；第二种：客户已经想好了要买什么，但是还没决定要买谁的，或者是已经有了初步的计划和预算，但是要买什么还没想好；第三种，客户还没决定要不要买，可能已经有了一个初步的意向，但是没下定决心。

第一种情况我们就不展开讨论了，这种情况下，客户的需求已经很明确了，没啥可挖的，除非客户内部的政治结构突然发生变化（比如突然有高层变动，或者你有非常强的外围关系协助），你才可能有机会。当然，作为销售还是可以去做工作试图改变需求，但是，已经落后太多了，想要拿到单子很难。

第二种情况下，客户的需求可能已经比较明确了，对简单一些的项目，已经决定要买某类产品或是服务，或者决定了要换掉原有的供应商。对复杂一些的项目，已经有了明确的立项或是明确的预算。这个明确需求可能是客户自己想明白的，比如，我是一家医院的消化科主任，随着门诊量和手术量的增加，需要采购一批内镜；再比如，我是一家工厂的采购，某个元器件的供应商无法保证货期，我决定换掉它。在这种情况下，客户已经做出了立项决定，但是还没有明显的倾向性。还有一种情况是，客户的这个需求已经受到了竞争对手的一些影响，比如，客户现有的项目预算是按对手的某个机型上报的。当然，也有可能客户的采购意愿已经很明确了，但是买什么还没想好，比如，我们就经常会遇到客户有费用，要做提高销售能力的培训，但是到底怎么做并没有清晰的计划，要广发"英雄帖"跟几家培训公司都聊聊，聊完之后，费用有可能追加，有可能减少，甚至有可能把原定的项目取消了过半年再说。

在这种情况下，比较狭义的挖掘需求（即推动客户决定采购）的动作并不多，在以往的培训班上，就有一定比例的销售人员表示：我们这个行业，客户有需求自然就会来询价，没有需求你再怎么说他也不会买。

此时，销售要做两件事，首先，至少要做到了解需求。分为两个方面，一是了解业务需求，即此次项目对于客户方的组织利益是什么，比如提升效率、降低成本、提高竞争力。二是了解个人需求，即此次项目中客户参与采购决策的每个人的个人利益是什么，比如树立权威、获得赏识和晋升机会等等。

很多时候，销售会把了解需求理解成了解客户要什么产品（参数/价格），这个理解是片面的，需要了解的是客户的问题和目标。在销售领域里有一句名言"从来没有任何人购买任何产品"，意思就是客户买的不是产品，而是产品能给他带来的改变，帮助他解决的问题和实现的目标（营销学的经典教材里是这样描述的"客户不是要买钻头，而是要买墙上的那个洞"）。

再深一步，销售需要了解的是需求是谁提的，是为了解决谁的问题。虽然我们经常讲客户需求，但是大客户销售人员必须清楚，采购决策不是客户做出的，而是客户里面的某些人做出的。

举个例子，你是一家银行的客户经理，有一天，一家客户找到你，说要更换主办行，原因是他们刚刚换了办公地点，你们的网点太少，离得太远了，有些业务处理起来不方便（这是好几年前培训中遇到的真实案例，以现在的办公条件而言，物理距离可能已经不是问题了），你怎么办？你告诉他其实现在需要跑网点办理的业务不多，每个月（或每两周）去一次就行，每次提前通知你，你开车来接就可以，很方便？

大错特错。你需要考虑的是，为什么会有这个要求？这个要求是谁提出来的？经常跑网点的是下面的会计和出纳，网点离得远对他们来说可能确实不方便，但是这个级别的人根本没有权力来决定是否更换主办行，甚至他们可能没有胆子在公司抱怨网点太远不方便。（财务经理一句话就可以回怼他们："你们的工作就是干这个的。"）那么，更换主办行是谁的意思？真实的原因是什么？

再举个例子，上个月你带着公司的技术专家和某客户的技术部门做了交流，交流得非常愉快，对方的总工对你们的方案很认可，之后，开始着手进行测试。这个月，客户突然对你提了一个新的技术要求，糟糕的是这项新技术你比不上竞争对手，加进去会大大抬高你的产品配置和价格。所以，你准备怎么办？去说服客户这项技术没有必要，还是去向公司申请特价？

都不对。你需要考虑的同样是：为什么会有这个要求？谁提出来的？是下面的工程师出于学习新技术的目的擅自加进去的？是总工想要进行新技术的尝试？是有你不知道的大佬更支持对手所以给你挖了个坑？

　　各位读者，我们希望你在读到这里时，联系自己正在打的单子想一想，你确实了解客户需求，还是只是知道了一些经办人员对你提的要求。

　　在了解需求的基础上，销售人员需要再进一步：引导需求。也就是销售人员需要告诉客户，为了实现他的目标，他应该买什么。很多时候，客户已经意识到问题的严重性和目标的紧迫性，认为发起一个项目已经势在必行，但是建设方向还没有想得太明白。

　　"顾问式销售"和"解决方案销售"一类的名词在大客户销售领域里已经流行很多年了，要想做"顾问"，你得比客户更明白怎么做才能帮他实现目标，而不是客户说什么你就听什么。引导需求是一个通过自身的专业去推动客户转变原有想法的过程，要做到这一点，销售需要能发现客户发现不了的问题，给出客户没有考虑到而且凭客户自身难以考虑到的解决方案。也就是说，销售得比客户更懂客户的业务，或者，比客户更懂你的产品怎么帮助他改善他的业务指标。前者很难，只有顶尖的业务专家才能做到，后者应该是所有销售都必须做到的。

　　还有一种情况，客户还没想好这事要不要做，此时，销售的主要工作是挖掘需求。

　　我们引用雷克汉姆模型来说明这个问题，如图 3-1 所示。

　　这是一架天平，左边是"买"，砝码是"价值"，也就是客户意识到自己的问题越严重，目标越诱人，就越倾向于买；右边是"不买"，砝码是"价格"，客户认为成本太高、时机不合适，就越倾向于不买。客户做出采购与否的决定取决于两边砝码的角力。销售要做的就是让客户意识到，现在的问题不解决会有大麻烦，或者，让客户看到，原来这件事情做了会有这么大的收益，从而促使客户决定采购。当然，降价也可

买　　　　　　　　　　不买
价值问题　　　　　　价格解决
的严重性　　　　　　问题的成本

图 3-1　雷克汉姆模型

以增加客户的采购意愿，有的公司就使用低价策略来打开市场。但是不要忘记，我们在第二章就说过，赢率、利润率、客户关系健康度这三个指标都是大客户销售要追求的，如果一味卖低价，就不需要销售了，有个接线员就够了，把销售队伍的人力成本降下来还可以卖更低的价格呢。

同样，挖掘需求分业务需求和个人需求两部分，每个人的需求是不同的。我们用一个比较简单的场景来举例子：你是某芯片厂家的销售，要向某连锁网吧推荐你的新产品，但是网吧的网管和老板都觉得这批机器刚刚使用一年多，不换也没问题，而且你的产品和友商相比太贵了，不想用。针对这两个人，你挖掘需求的动作是不同的，比如，你需要告诉老板附近新开的两家网吧都配了高端的机器，吸引了大量的客流，对本网吧形成了威胁，如果迟迟不更新设备会导致客户的大幅减少；需要告诉网管现有机器功耗比较高，会因为温度过高使主板经常出故障，机器无法正常使用，网管要花大量的时间来维修，老板还会因此而有意见。这才是一个销售应有的行为，而不是一听客户觉得贵就抛特价，在网吧老板没有意识到购买新产品的重要性之前，你把价格降成什么样他都会觉得贵。

在需求确认阶段，销售人员最容易犯的错误是：在没有深入挖掘客户的需求之前，就忙着进行下一步动作，比如给方案。这样做的坏处有几个：

一是增加成本，在希望渺茫的机会或线索上浪费了大量的资源。

二是泄露机密，很有可能在没有摸清客户内部关系的情况下，向竞争对手的内线泄露了自己的机密。

三是丧失信任，在需求没有确认的情况下，你给出的方案往往是不匹配的，忙乎了半天客户说这不是我们想要的，并会因此对你产生不信任，丧失了进一步接触的机会。

销售人员越早帮助客户确定需求，就越容易取得客户的支持，并在此后的招标中占得优势。同时，由于大订单采购金额巨大，通常客户会在年初或是上一年度就确认了需求（有些大的政府项目连可研工作都会跨年），并规划了相应的采购预算。这就要求销售人员尽早下手，帮助客户界定需求，做出采购立项的决定和确定采购预算。因此，我们往往会看到，优秀的销售人员实施的单子大都是上一年度打下来的，而到了第四季度，他们的工作重点已经转向为下一年度打基础。

如果销售人员始终无法让客户意识到自己的问题，那他们能做的就只有等待，等着客户自己发现问题。而当客户明确了自己的需求，确定了采购预算，并正式立项后，需求确认阶段也就结束了，接下来客户该挑选供应商了。

买谁的——大客户采购的方案评估

明确了自己的需求和采购的必要性后，客户就要确定采购标准，然后据此选定供应商。在这个阶段，客户通过考察不同供应商的方案和产品，确定最适合自己的采购指标和最符合这些指标的供应商。发出标书以及得出评标结果，是这个阶段的两个典型标志。对于不走正规招标流程的采购项目，这两个标志可能并不明显，但是客户依然会通过内部会议确定评价标准和拟合作的供应商。销售人员通过客户内部的支持者，依然可以得到相关信息。

在方案评估阶段，客户关注的是产品和方案，需要解决的问题主要有两个：

第一，什么样的产品才能满足自己的需求？也就是说，要制定什么采购标准。采购标准可能是客户自发形成的，也可能是某个供应商与客户内部的采购参与者共同讨论的结果。根据采购标准，销售人员或多或少可以判断出客户对供应商的倾向性。

第二，哪个供应商最符合这一标准？客户会根据采购标准对诸多供应商进行比较，然后做出选择。但是，由于在制定标准的过程中客户已经有所倾向，因此，不同的供应商在这个阶段受到的待遇会有所不同。客户会对自己所倾向的那个供应商进行详细的讨论和考察，对其他供应商往往只是提出一些指向性很明确的问题进行验证（比如针对产品的某项参数提出具体要求），甚至在选中了供应商之后对其他供应商只是要个方案保证采购流程符合规定。

方案评估阶段的销售策略

在本阶段，销售人员绝不应该放弃树立和影响客户采购标准的机会。在大订单销售中，参与采购的人员众多，在这种情况下，销售人员帮助树立采购标准，就是为自己在客户内部的支持者寻找合理和正当的理由去说服其他人，特别是在客户内部不同人员支持不同供应商的情况下，符合企业需求的采购标准是在内部讨论中获胜的关键因素。如果销售人员放弃这一手段，在竞争中必然处于不利地位。

而当客户已经在竞争对手的影响下树立了对己方不利的采购标准时，如果不改变这一标准，按照竞争对手定下的规则参与竞争，己方获胜的希望将更加渺茫。例如，当一家规模较小的全国性商业银行与一家国有银行竞争时，客户提出把银行的网点数量、资产规模等作为评价指标，小银行就很难赢得这一单。

在这个阶段，销售人员首先要判断客户是否已经树立了采购标准，然后再采取相应的行动。

一般来说，如果客户和己方的讨论是开放式的、详细的，对于产品和方案的认知还比较模糊，就说明客户仍处在考察的初期，还没有形成采购标准。销售人员要做的就是将己方的优势写进采购标准，并尽量将竞争对手的优势排除出采购标准，如果无法排除，则尽可能降低对手优势项的权重。例如，销售人员可以做的事情是，向客户说明根据其现阶段的发展情况，采购设备需要考虑哪些因素，应该选择什么档次的机器，哪些指标是排在首位的，等等。除了产品本身之外，公司的品牌、服务、市场占有率等等也是常见的采购标准。理想情况下，公司的售前支持人员应该协同销售人员，按客户需要的格式给出评分表，供客户内部对供应商进行打分。

如果客户给予己方的会谈时间有限，而且提出的问题指向性很明确，考察的项目和日程安排也基本上是由客户提出的，那往往表明竞争对手已经给客户树立了标准。虽然客户也将你纳入了供应商名单，甚至跟你的关系也不错，但你恐怕只是个替补，是用来验证和压价的。这时候，你应该做的就是重新审视客户的需求，找到客户忽视的问题，以此向客户说明现有的采购标准并不合适，进而让客户考虑将你方的优势列入采购标准。通常情况下，销售应该要求见面，试图在见面中弄清和改变关键人的采购标准，才有可能让自己和竞争对手站在同一起跑线上。如果无法争取到见面的机会，销售有三个选择：一是搅局，给出一个全新的方案或是一个极低的价格来增加客户判断的难度；二是放弃，不为不可能到手的项目浪费资源；三是老老实实陪标，给客户留下好印象，寄希望于下次的业务机会。

总之，销售人员需要尽早给客户树立标准，如果在帮助客户确认需求的阶段就能影响客户接受自己对于产品选择的一些建议则更好，这样更容易树立自己的优势。

「可以买你的吗——大客户采购的解决疑虑」

到了本阶段，虽然已经基本确定了供应商，但在双方签署正式采购合同之前，客户心里总免不了忐忑，担心可能的风险和供应商的可靠性。双方签署正式采购合同是这个阶段的显著标志。

在这个阶段，客户关注的是风险和成本。由于此时已经进入采购末期，一旦签署了正式合同，供应商几乎不可更改了。由于大订单采购责任重大，客户会对潜在风险和可能的问题进行再次评估，同时，还要评估即将合作的销售方是否真的值得信任。客户会对销售方提出新的质疑，表示自己对于项目还有一些不放心的地方，但是比较有趣的是，由于在此之前已经对方案做过全面细致的评估了，此时客户提出的问题在销售看来，绝大多数都是已经讨论过的，或者是这个项目本身无法避免的（例如，一个新系统的上线几乎都会遇到员工的排斥），有时甚至是难以接受的（比如提出很苛刻的成交条件）。究其原因，在于客户此时提出的很多有关风险的顾虑是出于情绪而非逻辑，是人们在做出重大决策之前的正常反应，提出低价也无非出于对风险的控制，希望能够以最低的成本成交来尽量减少风险。

解决疑虑阶段的销售策略

进入解决疑虑阶段后，大局基本已定，销售方已经知道自己是否中选。但是，即便如此，这也并非板上钉钉的最终结局。对于中选方的销售人员来说，他们可能会忽视客户的疑虑，试图施加压力（如降价）来推动最终成交。殊不知，这样做可能反而进一步强化客户的疑虑，导致客户推迟最终的采购，甚至将已经出局的供应商召回，重新进行评估。

因此，中选方的销售人员首先需要调整心态，从客户的表现中发现疑虑，只是销售人员往往掉以轻心或急于求成，故意忽视疑虑。对于销售人员来说，丢单的后果通常只是失去了一个订单或一个客户，虽然对自身的职业生涯会有影响，但影响通常不大（毕竟，能一战定生死的超级大单不会经常遇到），而对于采购者来说，一单采购的失败对其职业生涯往往会造成很大的影响，因此，他们产生疑虑也是正常的，销售人员无须回避。顺便说一句，"挑货的才是买货的"这句话只有到了这个阶段才是对的，因为在这个阶段，客户只有在他们认为最合适的供应商面前才会表现出担心、挑剔甚至吹毛求疵，他们不会在已经落选的供应商身上浪费时间。

客户真正寻找的是共鸣和保证，销售人员应该通过频繁交流加强与客户的情感联系和个人认同，对客户的担心表示出理解，共同寻求解决方案，并通过高层互访强化承诺。一句话，销售人员需要去除客户心里那种欲言又止的不安，夯实双方的情感。

而对于落选方来说，也不是一点希望都没有了，绝地翻盘的精彩例子还是有的。销售人员需要设法制造和扩大客户的疑虑，让客户对基本选定的供应商产生怀疑和不信任。如果销售人员确实回天乏力，那就愿赌服输，切忌激怒客户，应该与客户保持联系，留下好印象，期待在下次采购中打个翻身仗。

「 买对了吗——大客户采购的方案实施 」

采购合同签署后，供应商就要履行合同，按时交付产品进场使用，或实施服务方案。不过，无论对供应商还是客户来说，双方的合作并没有就此结束。

在这个阶段，客户会评估此次采购行为是否正确，是否达到了预期。一方面，客户会评估新产品在使用的过程中带来了哪些成果，是否解决了在需求确认阶段所明确的需要解决的问题；另一方面，客户会评估此次合作的供应商做事是否靠谱，是否可以开展更多合作。在一些特别大的项目中，客户会分阶段进行采购，甚至会在初期让几家供应商都中标一块业务，根据供应商的表现来决定下一阶段是否继续合作。

方案实施阶段的销售策略

进入这个阶段后，由于单子已经拿下，销售人员对客户的关注和投入往往就会减少，并开始转向新的客户目标。于是，他们可能没有跟进后续的安装和实施过程，对安装和实施后出现的问题推托不理，或者没有能够展示出阶段性成果。如此一来，客户就会有一种上当受骗的感觉，不仅影响双方关系和后续合作，更有甚者会出现法律纠纷。对任何一个客户来说，合作开始之后总是希望能给企业带来收益（除非是那些一直反对你的人希望你出事好换供应商），这样自己好表功。而一旦自己支持的供应商出事，不仅不能表功，反而会让其他人有攻击自己的口实，那些平时与自己意见相左的人会质疑自己在有多种选择的情况下为什么会选这样一家供应商，是不是从中收取了什么好处，等等。为了避嫌，他只能对自己支持的供应商严加指责，甚至给予严惩。对于销售来说，此时应该解决问题，并且消除这一问题在客户内部造成的影响，才会有后续的合作空间，如果不闻不问，基本上就出局了。

此外，销售人员可能没有将方案实施看作创造新业务的机会。通常情况下，销售人员一定会希望从老客户身上出新单，不会对老客户弃之不理。但是，如果只是依靠个人关系要求新的业务合作，而不能从客户的业务发展和个人发展出发创造新的需求，那么，后续的合作机会是很难得到的，企业也无法成为客户的核心供应商和战略合作伙伴。

因此，销售人员在这一阶段需要分三步走：

首先，管理客户的期望。通常情况下，客户采购了一个新方案后，总会抱有比较高的期望，希望能尽快出成果。但是，一个新方案在实施中需要有一个磨合期，客户在新鲜感过后，会发现新方案的顺利实施需要付出一定的学习成本，而当期的效益产出可能又不明显，于是会对此次采购的正确性产生怀疑。要避免出现这种情况，销售人员就需要提前揭示这个阶段，提醒客户新方案实施过程中可能产生的学习和使用成本，从而控制客户的期望。这样，当实施过程出现一些小挫折时，客户就不会觉得意外，也就不会产生强烈的不满情绪了。

其次，展示阶段性成果。销售人员可以帮助客户撰写内部报告，举办内部研讨会，通过这些方式展示新方案实施的阶段性成果，帮助采购者在客户内部扩大影响以证明此次采购的正确性，从而确保此次合作成功。

最后，挖掘新的需求。销售人员需要在合作中发现新的商机，推动客户进行重复采购和升级采购，以此巩固和客户的合作。新的商机依然要从企业需求和个人需求两个方面去发现，此时，客户回到需求确认阶段，新一轮的采购流程再次展开。

至此，我们概括介绍了大项目当中客户采购流程的常见阶段和关键点，具体到读者所在的行业、公司、项目，采购流程可能会有细节上的不同，比如销售需要关注哪些部门、哪些人参与采购，他们在采购中承担的职责是什么、决策的流程是什么、评估供应商的规则是什么等等。

在了解基本流程的基础上，销售人员还需要注意以下三个问题：

第一，采购流程是会发生反复的，不会一直向下走。

从整体上看，客户的采购流程遵循着上述规律，但是对于任何一个大订单来说，采购流程都有可能出现反复。反复的意思是阶段的划分并不像纸面上描述得这样明显，很有可能是混合的。比如，很少有客户是在完全明了了需求之后再去评估供应商的，方案评估和需求确认的动作很有可能是混合的，客户需要和不同供应商反复交流，在这个过程中逐渐确认自己的需求，也逐步筛选出合适的供应商。采购流程也不会像我们之前描述的那样，严格地一步一步往下走，而是有可能后退，比如，客户已经完成招标，但由于高层势力的介入，不得不以种种理由宣布废标重招。竞争对手的有力推动也会让采购流程发生反复，例如，客户已经进入方案评估阶段，此时在竞争对手的提醒下，发现忽略了一些问题，需要对自己的需求重新确认。

正是因为这些情况在大客户销售中屡见不鲜，很多销售人员否认流程的作用，认为打单这事千变万化，没有什么流程可言。这个观点有失偏颇，客户的采购动作不是由着性子来，虽然流程会有反复，会有个例，但基本的套路和规则是切实存在的，销售人员需要了解并应对。

在打单过程中，销售人员需要随时问自己一个问题：如果这一单今天就出结果，客户会选我吗？如果答案是肯定的，销售人员需要推动采购流程，让客户早做决定；如果答案是否定的，销售人员就需要设法延缓采购流程，甚至让客户回到前一个阶段。例如，客户已经进入方案评估阶段，并且已经树立了采购标准，处于不利位置的销售人员通过挖掘客户问题，促使客户重新考虑自己的需求，采购流程由此退回到需求确认阶段。

第二，往往采购流程没走完，单子已经打完了。

大项目基本上都不是在最后一刻出结果的，往往在招标书挂网之时，单子往往已经打完了。不排除有些单在最后一刻风云突变，但是大多数项目不需要走到签合同或是开标那一天，客户就已经心有所属了。不过，在大多数情况下，哪怕不选你，客户也不会明确告诉你你已经出局了，而是会告诉你还有机会，继续拉着你，这么做或者是出于合规的考虑（必须得有一定数量的供应商走到最后一轮），或者是想用你做备胎来给真正选定的供应商施压，以拿到更好的成交条件。

虽然这一点在实务界已经有共识了，但是真正落到一个项目当中，在巨大的业绩压力下，还是有很多销售接到一个项目信息就兴冲冲地参加，即使不中也美其名曰"重在参与"，号称"胜利往往产生于最后一下的坚持"，而不去判断自己到底是真的有希望还是来陪标的。想要搞清楚这个，就需要关注下面的问题。

第三，采购流程和销售流程有可能是不匹配的，需要对销售动作有明确定义。

理想状态下，销售应该在需求确认阶段进入一张单子，这样才能早布局早掌控，但是很多情况下，销售进入得比较晚，客户的采购流程已经走到下面的阶段了，比如，本章开头所说的第一张单子，从采购流程来看，客户的方案评估阶段都快要走完了，很有可能都已经定好供应商就差走完流程了，而从销售流程来看，可能连了解需求都还没做到，这两者是不匹配的。

对一个销售组织而言，为了提高组织的战斗力，需要定义清楚自己的采购流程，明确在每个阶段销售必须完成的任务是什么，如果没做到，一定要补上，如果此时不能延缓客户的采购流程把自己的工作补完，而是跟着客户往下走，这张单子基本上就输掉了。

如前所言，很多销售组织是有销售流程的，但是对各阶段应该做到的工作没有定义，对怎么叫"做到了"没有定义。比方说，什么叫"需求确认"？我们看到过这样的解释："客户认可我们的方案，明确了项目建设方向"，这个解释看起来没问题，但是如果我们再深挖一下，至少可以再问两个问题："客户"是谁，什么级别的人才可以算是"客户"？"认可"的表现是什么，有过技术交流，对方表示我们的方案不错算"认可"吗？如果只停留在第一层的解释上，对赢单没有太大的帮助，销售队伍认为流程没有用也就不奇怪了。

在本书的方法论体系中，我们将销售流程分为五个大的阶段，明确了每一个阶段销售应有的行为，如图 3-2 所示。

从第四章到第八章，我们将逐一介绍这五个阶段里销售应该完成的工作。

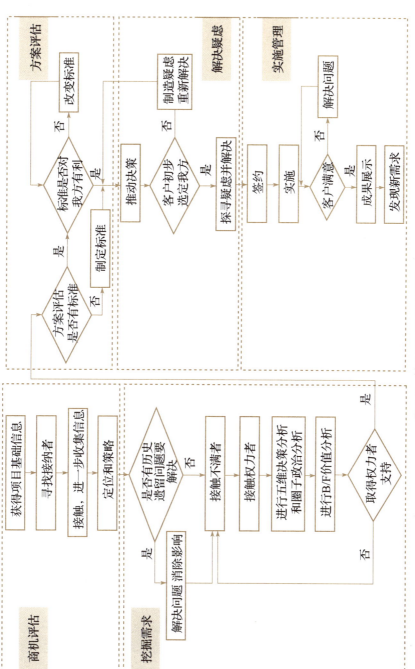

图3-2　销售流程的五大阶段

第四章

商机评估阶段的
销售策略

销售流程的第一个阶段是商机评估。

首先，请读者做一道选择题：在得知某客户有意向要采购某产品／做某项目时，你首先要做的动作是什么？

A. 找关系见老大，借高层压制对手

B. 找技术定标准，锁参数屏蔽对手

C. 找采购谈价格，用低价挤走对手

D. 找渠道谈商务，凭人脉干掉对手

E. 找领导要资源，高投入血拼对手

其实，这道题挖了一个小小的陷阱，以上选项都不对。以上五种手段都是打单中常用的，在一张单子里往往会综合使用这些手段。但是，进入一个项目，销售人员首先要做的是去了解信息，信息充分准确才能做出有效的判断。举个例子，客户对你说："我们还是更倾向你的，但是你的价格还是比较高，X公司的价格比你低了10％，你能再降5％我们就选你。"你怎么办？很多时候，销售会去向领导申请特价，但是，领导也很为难。要想做出准确的判断，至少你得知道以下几点：（1）谁更倾向你：客户内部达成一致了吗？谁会帮你？提出降价是真的觉得你的报价高，还是想要一个给领导和其他人的交待？（2）客户为什么倾向你：看起来就算你价格高一些客户也愿意选你，为什么？你比其他竞品好在哪儿？（3）对手在干什么：有人在帮对手吗？对手给出了什么价格？是真的比你便宜还是客户虚构了一个价格来忽悠你？（没错，在大客户销售这个领域，客户经常比销售更会忽悠）。如果这些信息都不清楚，在业绩的压力下，恐怕你只能同意降价，但是，客户还会继续要求你降吗？降了之后能不能拿下这个单子？都是未知数。

上面这个场景还是比较简单的，在刚接触一张单子时，销售面临的未知情况要比以上场景多得多，销售人员经常会感到茫然和不知所措，这件事我做了，但是到底有没有效，我不知道。我们有大量的时间耗费在等待客户做决定上，但是，客户是怎么做决定的我们并不知道。客户告诉我们的支持我们或反对我们的理由是不是真的，我们也不知道。不建立有效的信息源，不收集信息，销售会举步维艰。

在大客户销售当中，销售人员经常会犯的错误是"客户叫我干什么我就干什么"，比如客户要报价我们就报价，客户希望来考察我们就组织考察，客户叫我们投标我们就投标，听客户的总没错吧？还真错了，如果你不知道客户这么做的原因而只是听命行事，那么你基本上就是去陪标的，如果运气好一点你的对手也很烂，你有可能拿下这个项目，但是充其量只是棋子，利润率和客户关系健康度这两个指标，就不用想了。

收集信息

一、需要了解哪些信息

如果做一个简单的分类，我们可以把打单当中需要了解的信息分为三类：人，即政治关系；事，即业务价值；流程，即采购流程和游戏规则。在第二章里，我们已经对这三个关键词进行了详细的阐述，在这里，我们再强调一次，给读者加深记忆。

人（政治关系）：

（1）组织结构：哪些人参与此项目？他们的职位、职责和汇报关系如何？

（2）决策结构：有派系吗？有对抗吗？谁说了算？谁是谁的人？

（3）个人需求：每个人的个人需求是什么？我们能满足吗？

（4）个人倾向：谁支持我们？谁支持友商？谁可以争取？

事（业务价值）：

（1）立项原因：这个项目需要达到什么目标？高层（老大）的"痛"和"梦"是什么？

（2）个人KPI：高层需要通过这个项目达成的KPI是什么？中基层呢？

（3）价值差距：在客户看来，我们能创造哪些价值？这些价值是客户需要的吗？

流程（采购流程和游戏规则）：

（1）采购流程：完成采购要经过哪些环节？有哪些关键节点？时间安排是什么？友商在做什么？

（2）游戏规则：筛选供应商的标准是什么？有哪些硬性要求（资格审查）？目前的规则对我们有利还是不利？

（3）竞争对比：我们和友商比有哪些优劣势？各自可以动用哪些资源？

这些信息不可能在刚进入项目时就全部获得，而且随着项目的推进，情况也会发生变化，销售需要建立有效的信息源来掌握信息。

二、信息从哪儿来

获得信息有两个来源，第一个来源叫做客户以外的信息来源，主要包括以下几种：

（1）我方的内部人员。如果你是一个新接手某个客户的销售，公司里之前跟这个客户打过交道的老销售、售前以及你的领导，对客户信息都会有一定了解。

（2）渠道。通过你的合作渠道可以打探客户的情况，比如，你是某医疗器械的厂家，你的合作渠道长期在某医院做买卖，虽然你的产品可能还没有进去，但是他对这家医院的情况是了解的。

（3）客户所在行业的关联方。包括客户的竞争对手、客户的上下游、客户的合作伙伴等等，通过他们你可以去了解客户的一些情况。还是拿医院举例，你是做耗材的，那么你可以问一问做设备的供应商，这家医院是怎么回事。再比如你是做硬件的，你可以去问一问做软件的厂家这家客户的情况，也有可能和一些其他的供应商打包形成综合方案。

（4）公开渠道。简单说就是你直接上网去搜，你去看一看客户的网站上面公开披露的信息，他的领导讲话、行业新闻等等都是公开的，可以从中了解信息。

通过这些外部信息来源，销售可以了解到客户的基本情况：

一是客户的业务发展状况，包括客户所在的行业地位（比如市场占有率、排名、品牌影响力）、公开的经营状况（比如销售额、利润、股权结构）、市场变化（客户所在的市场有什么重大的变化，给他带来了什么样的影响）。

二是客户以往和我方及友商的合作历史。这里销售要特别关注的是我方和友商的份额占比，谁跟友商的合作更多？过往的合作是否愉快？在客户内部谁支持我们？谁支持友商？我们在每次培训之前都会收集案例，遗憾的是，有相当比例的学员不太清楚己方的份额占比，这是有些遗憾的，这意味着销售并不知道自己和友商在客户内部的势力范围，会对下一步打单带来不利的影响。

三是组织结构和关键岗位人员变动信息。比如，这家公司的领导任职多久了？如果是新来的，以前他在哪儿工作？在一些大的政府项目中，可能要和当地的党政一把手打交道，这些领导的个人履历是可以查得到的。了解这些，可以让你对客户的决策结构有初步的判断，比如一个空降的领导和一个本地升上来的领导，一个临退休的领导和一个年富力强的领导，在项目里表现出来的行事风格都有可能不同，销售要有这个敏感性。

大多数情况下，通过外部信息源得到的信息是比较简单的，如果需要得到深层次的信息，我们必须深入客户内部，也就是客户组织里得有人给你传递信息。

销售路径

销售路径指的是销售人员如何在客户内部找到自己的支持者，并且一步步见到决策人。在本书的方法论体系中，我们建议销售人员通过三类角色来构建这个路径，这三类角色分别是接纳者、不满者和权力者。

接纳者指的是企业内部存在着这样一些部门和个人，他们愿意倾听了解我们的介绍，并乐于为我们提供信息。不满者指的是对现状或者我们的竞争对手不满的人，因为有这些不满的存在，他们愿意帮助我们，一起改变现状。权力者指的是最终有权确定这一单归属的人，也即前面提到的决策人。销售打单的见人顺序是，通过接纳者见到不满者，最终见到权力者，实现销售。

本章我们会重点描述接纳者，对不满者和权力者，我们将在下一章展开描述。

一、谁是接纳者

接纳者与岗位无关，任何岗位的人都有可能成为我们的接纳者。在一张单子里，销售通常会从下面几类人群中培养接纳者：

（1）以前有过合作且支持我们的人。如果是老客户，内部肯定有我们的支持者，这些人在新项目中是我们天然的接纳者。如果是新客户，里面也可能有一些人在之前的公司里和我们有过合作，或者虽然没合作但有过接触，对我们的品牌和产品有一定的倾向性。销售手里如果有这样的关系，一定都会动用。

（2）之前和我方有良好私交的人。这里的我方是一个广义的概念，不仅包括销售本人，也包括组织内部的其他人，在很多销售组织里，会建立内部求助机制（也就是在打某张单子时，销售会询问组织内部谁有关系可以接触到客户）来汇总组织的人脉关系，方便进入客户内部。

（3）参与本次采购的是执行层中职位比较低的角色。这类人参与这个项目，对于项目的一些信息是了解的，但是他没有什么决策权，只是负责一些具体的事务比如收集方案和报价、性能测试、会议组织安排等等。一方面跟销售打交道就是他日常工作的一部分，比较容易接触，比较容易和销售人员建立起良好的关系；另一方面他们也没有太大的权力不会受到太多的关注，跟他们搞好关系的投入相对比较低。

看到这里，可能有读者有疑问，如果我跟某位领导关系很好，我还需要从基层去发展接纳者吗？本书的回答是：需要。高层关系要用在关键时刻，找一把手去"查户口"（了解琐碎的基础信息）是不合适的，见一把手需要带着解决方案去，如果你还不了解情况，是给不了方案的。如果你确实有良好的高层关系，在销售早期当然可以用，但更为合适的做法是让他指定对接人给你，而不是事无巨细都找他。

（4）组织中的信息交换中心，如前台、秘书、助理等等。他们可能不参与项目，但是消息比较灵通。哪怕是门卫这种职位很低的人，跟他们搞好关系也能获得一些重要消息，比如问问今天一把手在不在公司，查查登记本看看友商来了都是找谁。

（5）组织机构中曾经拥有一定的权力，现在被边缘化的角色。这类人曾经有过风光的时刻，但现在门前冷落，如果销售人员对他表示出一定的尊重，也会比较容易接近。而且由于他的职级还在，虽然影响力可能不大了，但是一些重要的会议他还是会列席的，可以帮你打探消息。

（6）和不满者合二为一的人。有些人对现状不满，或者对竞争对手不满，希望有供应商能帮助他改变现状或是把对手给踢出去，也会向你透露信息。当然，如果聊了两次发现你解决不了他的问题，他可能会减少跟你的接触。

二、接触接纳者的目的

通过与接纳者的接触，销售人员需要达到两个目的：一是获取客户的内部信息，二是通过接纳者接触到不满者。

再次强调，大部分的接纳者是不足以决定单子给谁的，销售人员和他们打交道的首要目的是了解信息。

在这个方面，销售人员常见的错误有：

（1）没有接纳者，或者说，对方不想告诉你信息。在不同的方法论体系中，都有类似于接纳者的角色，内线、线人、教练（coach）不一而足。时至今日，从事大客户销售的人员，都认同这一点：要想成单，一定要有人在客户内部给你通风报信。但是，对于什么叫"通风报信"的认知是不同的。举个例子，A告诉你"我们这个项目要在'十一'前上线"，B告诉你"这个项目是一个献礼项目，要在'十一'前上线"，C告诉你"这个项目是一个献礼项目，我们是全系统内的两家试点单位之一，是我们一把手在集团里争取下来的，一定要在'十一'前上线，绝不能推迟"。看起来，这三个人都在给你传递消息，但是很明显，C才是合格的接纳者。A和B告诉你的消息对能否成单没有太大的帮助。没有接纳者，意味着你跟客户的信任程度还不够，你能拿到的都是公开信息，背后的那些深层次信息没人告诉你。

（2）销售人员不会提问。很多时候，有接纳者但信息还是不全，不是因为对方不想告诉你，而是因为销售没有问。接纳者并不知道需要告诉你哪些信息，有些信息可能他自己平时也没有在意，需要在销售提醒之后接纳者才会去留意收集。如果销售不具备这种思维，不去提问，很多信息是会被忽略的。比如，上一段举的那个例子中，如果A说"我们这个项目要在'十一'前上线"，销售的第一反应应该是问问A为什么会卡在这个时间点，是谁的要求，如果不问，就算A跟你关系很好，你也得不到背后的这些信息。

有些时候，销售不善于问敏感信息，比如，某地一把手和分管采购的副总都参与一个项目，销售需要知道到底谁说了算，直接向接纳者提这个问题可能过于敏感对方不好回答，也可能对方自己也不清楚这个项目谁说了算。此时，销售可以用"时光倒流法"来询问。所谓"时光倒流"是指在过去已经完成的类似项目当中，情况是怎样的。比如，接纳者告诉你这个单子一把手不参与，就是副总说了算，你通过"时光倒流法"发现历史的同类项目，一把手都参与了，那么，这次不参与就是不正常的，你得把这个"不正常"的原因找出来，有可能是一把手要退休了开始放权真的不参与了，也有可能一把手只是在早期躲在后面不吭声后面还是要发话的。如果销售不善于收集信息而做出了错误判断，会给自己带来麻烦。

（3）单线联系。有些时候，销售问了，问得也很全面，接纳者也都回答了，销售得到的信息仍然有可能是错误的或是不全的。这是因为有些接纳者是远离权力中心的，提供的信息未必准确，比如如果销售只是在基层有接纳者，十有八九是搞不清楚老大到底在想什么的，必须向上突破。而且接纳者由于自身岗位的原因，对项目的认知有可能就是有偏颇的，比如技术部门的人告诉你性能最重要，只要你在测试中赢了对手，这单肯定是你的，他可能真是这么认为的，但是这个认知很有可能是错误的。这就需要销售在不同条线、不同层级培养多个接纳者，才可以对信息进行交叉验证。

接触接纳者的另一个重要目的是通过接纳者找到不满者。当项目推动遇到障碍时，只有找到有意于改变现状的人（不满者），才能获得进展。通过接纳者，销售人员可以了解到参与采购的人员的关注点，也可以了解到他们有哪些不满，从而找到不满者，进行有效沟通。

在这个方面，销售的常见错误有：

1. 分散注意力

接纳者通常对销售人员的态度非常好，很多时候接纳者也会对销售人员的产品和方案表现出兴趣，但是，由于接纳者通常在机构里位置比较低，影响力比较小，所以接纳者对销售人员的"好"，并不代表项目有希望。如果销售人员把注意力放在这种良好的感觉上，就容易忘记接触接纳者的目的是拿到信息和突破到更高层次，这是非常危险的。

但是，实际工作中，很多销售人员就是这么干的，他们去拜访客户时，考虑的不是"我需要见谁就见谁（或者想办法去见）"而是"我能见到谁就见谁"，浪费了大量的时间和精力。

2. 过早展示

在面对接纳者时，销售人员很有可能向其展示方案（何况，很多销售人员都喜欢见了客户就展示自己的产品和方案）。如果接纳者只是一个基层的接纳者，在他面前展示方案是没有必要的，一则大多数的接纳者是没有决策权的，向接纳者展示方案的会谈是在浪费销售机会；二则有些接纳者对各家供应商都是接纳者，很容易就把你的信息给了竞争对手（当然，如果竞争对手给了他什么信息，他也很容易透露给你），所以销售人员面对他无须展示方案。实在扛不过去要给点东西，只需要给一些标准化的公司和产品介绍即可。当然，这并不是指销售人员要在接纳者面前摆出一副"你不够格看方案，不见到一把手我不给方案"的样子，对接纳者表示出友好和尊重，保持个人的情感联系还是必需的。

商机评估

在大客户销售中，所有销售机会似乎都具有很大的诱惑力。于是，在通常情况下，一有销售机会，销售人员便会全力去争取。然而，这种"一个都不能少"的通吃策略只会造成资源的分散和浪费，而草率投入导致的项目失败也会影响销售人员的士气。因此，在获得项目信息时，销售人员首先应该做的就是对销售机会进行评估，以确定哪类客户值得争取，又该如何去开局。

对项目的评估有两个方面，一是项目价值，也就是这个单子值不值得打，决定了这个项目在公司内部的优先级和调动资源的力度。二是开局定位，也就是这张单子该怎么打，决定了下一步的销售策略。

一、项目价值

项目价值的大小，会影响公司对销售项目的资源投入和对最终成交条件可能做出的让步。对于项目价值，我们可以从短期收益和长期影响两个维度进行评估。

短期收益包括两个方面。一是销售项目可能带来的一次性销售业绩。在销售初期，销售人员需要了解客户大概的采购金额。即使销售人员还没有在客户内部培养出"内线"，根据客户的业务规模、采购意向和市场价格也可以大致做出判断。二是对完成当期销售业绩指标的影响。在某些关键时刻，一单业务可能会对销售指标的达成起到决定性作用，甚至会决定相关销售人员能否继续留在公司。很多时候，新到一地的销售经理会对当期指标达成率极为关注，因为这往往关系到他能否取得组织的信任。

长期影响是指销售项目对公司整体业务发展的影响，通常来看，一次业务带来的长期影响包括三个方面：

第一，可能带来的后续销售机会。销售人员可以根据目标客户的业务发展趋势、业务规划、采购历史等信息，判断出在这个客户身上可能会有多少后续业务机会。例如，某家医院新院长上任，提出要在三年内从二级医院升到三级医院。由此，销售人员基本可以断定，在此后几年内这家医院在医疗设备和系统升级方面将有较大的投入。再如，某个大型建设项目上马开工，虽然一期招标额较小，但可以预见此后将有大量的相关采购发生。

第二，对公司品牌和声誉的影响。在某一区域或某一行业内，会有一些业内公认的标杆企业，如果公司能够成为这些企业的供应商，将对销售人员在这个区域或行业开拓新业务起到示范作用。特别是当某一类新产品刚刚推向市场时，所有竞争对手都急需抢先实现销售，树立样板客户，此时，拿下有影响力的企业对公司品牌和声誉的影响是很大的，对取得其他客户的信任也会起到积极作用。

第三，对销售团队士气的影响。一些特别的销售项目会给销售团队的士气带来重大的激励作用。例如，销售业绩低迷时期拿下一个项目；与主要竞争对手激烈角逐后赢下一单或拿下了竞争对手长期盘踞的某个客户；通过一单业务补齐了销售指标缺口；或在销售竞赛中获胜，这样的类似情况都会增加团队的信心，鼓舞士气。

销售人员获得项目信息后，可以对项目价值的上述两个维度分别进行判断，然后根据结果，将接触到的所有销售项目分成四类（如图 4-1 所示）。将销售项目进行分类后，销售人员基本上就可以决定要投入的项目以及投入资源的多少。

图 4-1　销售项目分类

　　第一类是业务大、影响大的项目。这类项目带来的一次性业务量和将来可能带来的长期价值都非常大。当然，什么叫"大"，在不同行业不同公司的定义是不同的，对于大多数销售组织来说，对于项目的大小是有定义的，不需要销售人员操心。对于这样的机会，公司一定要投入最优势的资源去争取，在拿下本次项目的同时，为今后的长期合作打好基础，给竞争对手设下壁垒。在一些特别大的项目中，采购方可能会将项目分拆给若干供应商，这时候，公司应该力争成为主要供应商。

　　第二类是业务小、影响大的项目。这类项目带来的短期业务量可能有限，但是与客户建立供应关系会带来长期有益的影响。例如，这是公司成功打入大客户的一个契机，成为这个客户的供应商能让公司在当地市场取得很大的影响力，等等。这时候，公司需要投入较优的资源，甚至给出一些短期的特别优惠条件，力争拿下客户。

　　第三类是业务大、影响小的项目。这类项目带来的一次性业务量很大，但是长远来看没有特别的价值。这种情况常见于一些特殊的一次性项目采购，例如，某些工程的改造、添置某种大型的耐用设备、从上级主管部门申请到一笔专项资金用于某个特定项目等等。在可以预见的时间内，客户不会再有类似产品的采购。此类项目是一锤子买卖，公司应该在项目中力争拿到最好的交易条件，做到利益最大化。

　　第四类是业务小、影响小的项目。这类项目带来的短期业务量很小，而且没有什么长期影响，公司一般也不会将此类客户作为新的业务增长点。因此，在项目优先排序中，此类项目放在最后，公司可以投入较少的精力去试试，或者作为新销售人员的练手对象。

　　通过分类，如果发现手中的项目过于集中在某一类，往往说明公司在客户积累方面出了问题。这时候，销售经理应该有意识地调整对销售团队的管理。

在第一类项目占比过高的情况下，如果对于销售人员来说，依靠一两家大客户长期出单还可以接受，那么对于一个区域而言，手中全是只许赢不许输的大项目，则说明客户储备不够，任何一个项目的丢失都会带来巨大的影响。此时，销售经理需要督促销售人员增加活动量和客户积累。

如果第二类项目占比过高，可能是一个处在发展期的团队。对于销售经理来说，应该筛选出一些成功率高的客户，带领销售团队重点攻关，挖掘出大项目。

对于第三类项目占比过高的情况，很可能是销售人员过于关注短期利益，业务的长远发展相对乏力。此时，销售经理需要指出新的潜在客户群，要求销售人员进行开拓。

在新的销售团队中往往会出现第四类项目占比过高的现象。这时销售经理需要加大对团队成员的训练，提升其销售能力。同时，为了应对业绩压力，销售经理需要亲自操作一两个大单。

二、开局定位

通过对项目的价值进行评估，销售人员初步确定了要把资源和精力投到哪些项目上。接下来，他们需要判断每个项目的开局定位。面对不同的项目，销售人员在实际推进销售时首先要解决的问题是不一样的。只有认清了自己所处的形势，才能找到项目销售的切入口。那么，什么是开局定位呢？我们同样通过两个维度进行考量。

1. 地盘是谁的

要判断某个客户是谁的地盘，只需回顾一下公司和竞争对手在同类产品上与这个客户达成的历史交易规模，谁占的份额高，谁就拥有这块地盘。通常来看，项目型销售比如卖大型设备、信息化建设等等，看过去三年的份额；长期供货型销售比如医疗耗材、工业中间件看过去一年的份额，更长时间的追溯没有太大的意义。

因此，这个维度可以分为三种情况：我方销售份额领先的我方地盘、我方销售份额和竞争对手相当的中立地盘（双方与客户都未曾合作的情况也属于此类），以及我方销售份额明显少于竞争对手的敌方地盘。

需要特别关注的是，地盘的划分是以独立的决策单元来划分的。比如，你跟集团公司有良好的合作，但是跟下面的某家有独立决策权的子公司没有合作，那么，集团公司是我方地盘，子公司是敌方地盘。一家客户内部如果有不同的事业部分别跟你合作，如果这些事业部都有独立的决策权，地盘也要分别判断。

2. 目前谁领先

不管客户是谁的地盘，就新的销售项目而言，在两家以上供应商参与项目时，势必存在谁更领先的情况。这时候，我们也可以发现三种情况：我方领先——我方抢先获得信息，甚至客户采购立项就是我们和客户共同讨论的结果，或者客户方的关键人物在项目初期就表现出偏向我方；敌我势均——客户公平对待各方，关键人物也没有表现出偏好；以及我方落后——我方较晚获得信息，关键人物偏向竞争对手。

根据上述两个维度，我们可以将销售项目的开局分成九种情况，如图 4-2 所示。对于这九种开局，我们又可以分为三大类，即正常开局、问题开局和不正常开局。

图 4 - 2　开局定位九宫格

三、正常开局

C、E、G 均为正常开局。通常情况下，竞争各方在客户中的历史份额往往代表与客户的关系紧密程度，同时也会预示新项目的走势。所谓正常开局，指的是过去的份额与新项目的开局竞争比较一致，过去份额高、合作紧密的一方在新项目的争夺上处于领先位置，领先方需要守住领先地位。在中立地盘情况下，任何一方领先或双方平分秋色的开局都是正常的，双方比拼的是谁的动作更快，能够在相持局面下抢先取得突破。

G 开局：我方地盘、领先开局。这种开局说明我方在过去的客户经营中已经建立充足的人脉，在当前项目中客户属意我方。销售人员需要做的是加速客户的采购进程，推动客户尽快招标、开标、定标，以免夜长梦多。

\\\\ 案例

> 孔经理与某客户的关系一直很好，过去的份额达到90%。当客户有一个新的采购项目出现时，从立项开始，孔经理就参与其中，并且直接协助客户撰写立项报告。该项目需要政府主管部门的批复。在批复前，孔经理通过客户内部的支持者对竞争对手封锁消息，批复一下来，又迅速推动客户启动招标流程，在三周之内完成了内部审批和招标的全过程，只给竞争对手留了很少的准备时间，使得对手难以开展工作。

C开局：敌方地盘、落后开局。与G开局相反，此种情况往往是竞争对手已经布好了局，我方非常被动，取胜机会不大。销售人员需要做的是设法延缓客户的采购进程，等待和寻找突破口。例如，等待竞争对手出现失误、露出破绽；随着客户业务发展出现竞争对手无法满足而我方可以满足的新需求；或者在客户的决策人群中发现被竞争对手忽视且影响力巨大的人物；等等。如果在项目中始终找不到转机，公司则需要认识到自己只是一个陪标的角色，展现出专业性和希望合作的诚意就可以了。在这个项目里没希望，也需要在客户内部发展自己的人，埋下钉子，以期在今后的项目中获得机会。比如，很多医疗设备的厂家，会花大力气做中青年骨干医生的培训，就是为了争夺未来的决策人。

\\\\ 案例

> 李经理是一家电气元件公司的销售经理，经过长期的努力，他和当地一家大客户的总经理、副总经理、技术经理都建立了良好的私

人关系，也做进去一点业务。可是，每当他提出希望能分享竞争对手牢牢掌控的某机型的业务时，这些人总是很客气也很为难地告诉他，没有任何理由可以替换掉竞争对手。无论是从产品还是人际关系上，李经理都找不到突破口，只能等待。

E开局：中立地盘、中立开局。在这种情况下，我方和竞争对手都在同一起跑线上，谁能抢先抓住客户需求，在人脉关系上取得突破，谁就会占得先机。在一些异地筹建的项目中，有的销售抢先一步和先期派驻的筹建组人员搞好关系，就会在竞争中占据优势。

⫸⫸⫸ 案例

若干年前，某市中小学掀起一阵信息化教学的浪潮。在市教育局提供财务专款的情况下，某重点中学决定为学校的每一个教室配置一台电视机，学校教导处副主任负责该项目。他给两家知名电视厂商在当地的销售部打了电话，并发去了基本要求。X公司的销售人员按照要求制作了方案并传真到学校。Y公司的销售人员则在电话中请求面谈，得到同意后在当天下午就赶到学校，就型号、尺寸、安装时间、学生视力保护等问题向采购负责人做了介绍，并成功树立了采购标准。由于教育局对项目的完成时间有要求，校方甚至取消了原定的招标步骤，直接从Y公司进行采购。

四、问题开局

B、D、F、H为问题开局，即正常情况下应该领先的一方未能领先，双方形成了势均力敌的局面，或者本该是平手的局面，客户有了一定的倾向（在第 1 版中，我们把 B 和 H 归为正常开局，在中立地盘产生何种局势都是正常的。在本版中，经过再三推敲，我们把 B 和 H 归为问题开局，以提醒销售对这种局势进行更多思考）。

D 开局：我方地盘、中立开局。通常情况下，我方地盘意味着在过去对于这个客户，无论是客情关系还是产品方案，我方都做得不错，在新项目出现时我方应该处于领先位置。而现在却出现中立局面，说明出现了一些状况，主要原因有三种：一是人上出了问题，有关键人物的变化，比如我方的支持者调走了，比如有新的权力中心加入了采购，这些新上来的人没觉得非我们不可，更愿意让各家供应商都来 PK 一下；二是事上出了问题，我们之前提供的产品和服务没有让客户满意。客户没觉得我们有什么不好，并没有要换掉我们，但是也没觉得我们比竞争对手好太多，所以新项目出来，要重新评估供应商；三是新项目的目标和要求与以往不一样，涉及新的领域，虽然我们也从事这方面的业务，但是在这个新的领域里客户不认为我们很优秀，还是要大家都来谈一下。这种局势下，我方要做的就是找自己的内线了解情况，找出客户不倾向于我方的原因，再做工作。

案例

　　X 公司一直是某公司的主要供应商，连续合作了六年，Y 公司只在一年前有过零星合作。2012 年，该公司新的项目采购没有顺理成章地花落 X 公司，反而要求引入 Y 公司和其他两家供应商共同竞标。主要原因是该公司分管采购的副总和技术部经理都换了新人，原先支持 X 公司的部门只剩下设备部的总经理没变，在这种情况下，Y 公司凭借与技术部新任经理的良好关系与 X 公司分庭抗礼。面对这种情况，X 公司只能客户内部发展新的人脉，并最终取得了总经理的支持，拿下了这一单。

F 开局：敌方地盘、中立开局。本来应该是竞争对手领先的局面却变成了势均力敌。产生这种情况的原因与 D 开局类似，只是我方与竞争对手换了个位置，是竞争对手犯了错误。这时我方需要了解是什么原因导致客户对竞争对手持有保守态度，进而扩大竞争对手的不足和问题。

案例

某公司由于业务发展，新增了一条产品线，由此产生了大量的核心配件采购需求。此前，Y 公司是其主要供应商，X 公司得到的业务份额极少。但是在此次采购中，X 公司的销售人员通过内线了解到，客户公司的总经理希望在供应商条件相同的情况下，在不同的产品线选择不同的核心供应商，以避免今后业务发展受某个供应商的影响太大。得知这个信息后，X 公司明确了主攻方向，在和关键人物沟通时不断突出 Y 公司在方案、价格等方面没有给客户最好的条件，进一步扩大了客户对 Y 公司的担忧，最终成功赢得了该项目。

H 开局：中立地盘、领先开局。出现这种情况，可能是因为我方的品牌和声誉影响力更强，或者之前我方的客户关系稍强于竞争对手。这时我方的领先优势并不明显,需要继续挖掘客户需求,拓展内部人脉,扩大目前优势。

案例

　　某专科学校的动漫专业获得专项资金的扶持,准备采购一批高端 IT 设备供教学使用。X、Y 两家公司此前和该校都没有什么业务合作,X 公司的销售人员和该专业的系主任关系良好,所以首先介入了项目方案设计。但是,学校设备科科长支持 Y 公司,系主任提出的直接从 X 公司采购的方案被否,需要走正式招标流程。X 公司在系主任的支持下,迅速了解了招标委员会的组成,并对其中七名成员开展工作,抢先获得了招标委员会里三名主要成员的支持,最终拿下此单。

　　B 开局:中立地盘、落后开局。这是与 H 开局相对应的情况,此时竞争对手领先,但优势也不会太明显,特别是如果双方之前与客户都没有合作过,客户在初次选择时就会比较谨慎。在这种开局情况下,销售人员需要重塑客户需求,重新树立销售标准。

案例

　　某医院要从二级升到三级,需要采购一批医疗设备。此前,医院已经几年没有进行大规模采购,X、Y 两家供应商也只是和医院相关人员保持联系,并没有实现销售。当 X 公司的销售人员得到医院要采购彩超设备的消息时,医院的采购科已经与 Y 公司完成了产品的考察,比较倾向于 Y 公司的产品(从性能上看,Y 公司主推的产品性能属于市场上的第一集团，而且市场占有率最高；X公司主推的产品很新，只有一流的医院才有装机。从价格上看，Y公司的价格要比X公司便宜很多），上层领导对此也无特别的异议。X公司的销售人员重新分析了采购者的需求，发现分管业务的副院长是超声科主任出身，希望在学术上扬名立万。于是，他决定以该副院长为突破口，向其宣讲X公司产品的领先性，让其认识到装机量大的主流产品不是最先进的，无法满足在学术上领先同类医院的需求。通过这些工作，X公司争取到了副院长的支持，扳回了劣势，并最终拿到了这一单。

五、不正常开局

所谓不正常开局，是指在正常情况下本应领先的一方，在项目开始时反而处于落后状态。之所以出现这样的局面，往往可能是项目中发生了一些重要的事情。对于销售人员来说，这些事情可能是重大机遇，也可能是严重危机。

A开局：我方地盘、落后开局。如果说D开局可能是因为我方犯了一些小错误给了对手机会，那么出现A开局，则通常是因为我方在过去的合作中犯了重大错误，使得客户不愿或不敢再和我方合作。此时，销售人员应该从两方面展开工作。一方面，向内线了解情况，请他们帮忙延缓采购进程（在这种情况下，通常内线不会或不敢在内部继续明确表态支持我方，能够延缓采购决策已经是帮了很大的忙了）；另一方面，尽快解决历史遗留问题，在客户内部产生积极正面的影响，赢回客户的信任和好感。这个动作称之为重塑价值，核心是消除以往事件的影响，比如设备出了问题，不仅仅要及时维修好，更重要的是了解这个问题影响了哪些人，如何才能在内部消除这些影响，重新赢得这些人的信任。做到了这些，销售人员才有可能继续参与项目，否则很难扭转落后的局势。

\\\\ 案例

　　贾经理是 X 公司的客户经理，刚刚接手了一个"烫手"的客户，由于之前的售后服务不到位，客户终止了合作。贾经理接手后，打通了采购部和信息部的关系，两位部长均表示，对贾经理的为人很认可，可是，由于有前车之鉴，公司的总经理对 X 公司极为不满，公司上下无人敢帮 X 公司说话，目前的项目也根本没 X 公司什么事。信息部部长甚至表示，如果贾经理愿意跳槽到竞争对手那里，他可以牵线，去了之后肯定能拿下这个项目。

　　贾经理准备好了整改方案，请自己的老板出面去见客户的一把手，去之前，贾经理就先说好这次是去"挨骂"的，让客户的一把手好好地出了一口气之后，采取的整改措施客户也满意，终于获得了参与后续项目的机会。

　　还有一种情况可能导致 A 开局：竞争对手从一个我方关系薄弱的人或部门取得了突破，而这个人或部门在此次项目中有很大的权力，屏蔽掉我方后和竞争对手开始了前期的选型和采购标准制定。此时，销售人员一定要利用自己的内部关系向竞争对手的支持者施压，靠权力的博弈来扭转局面。

极端的情况是，客户内部原本就有派系斗争，之前支持我方的一派占据上风，所以我方能够一直拿下业务，而从这个项目开始，客户内部的政治力量发生了变化，之前反对我方的一派占据了上风。如果出现这种情况，销售人员需要在人脉上取得突破，找到并满足新领导人的个人需求。如果做不到这一点，而且客户内部的政治格局短期内无法变化，那么在一定时期内，这个客户的业务会受到巨大的影响，销售人员对此要有心理准备。

案例

　　某地的一个政府部门和 X 公司有着良好的合作，长期以来，该部门的 IT 设备采购都是选择 X 公司的产品。但是，在一次涉及全省办事大厅的 IT 设备采购中，X 公司的竞争对手 Y 公司在该部门的信息中心取得了突破，提前进行了机器测试和采购标准确认，这样 X 公司就只能按照 Y 公司制定的标准参与竞标。了解内情后，X 公司的销售人员如梦初醒，调集了公司的精兵强将参与此次竞标。一方面，他们在方案和价格上针对 Y 公司逐条分析优劣，有针对性地准备竞标材料；另一方面，通过良好的高层关系将招标日期向后推迟了一个月，同时对 Y 公司的支持者施压，迫使后者在后期不再强烈反对 X 公司。最后，他们险胜此单。

　　I 开局：敌方地盘、领先开局。这种开局与 A 开局相反，出现这种开局的原因与 A 开局类似。一种可能是竞争对手在工作中犯了严重错误。这时候，我方需要继续找全对手弱点，充分暴露这些弱点的不良后果，促使客户不敢和对手继续合作。另一种可能是我方在这个项目中取得了人脉关系的突破，抢先介入了此项目的采购，占据了先机。此时，我方需要继续扩大人脉关系，加速采购进程，利用先发优势打竞争对手一个措手不及。例如，在上面的政府部门采购案例中，如果此次采购有很紧迫的时间限制，或者信息中心能够顶住压力，或者 Y 公司在信息中心的帮助下争取到高层的支持，哪怕是中立的态度，X 公司就会面临非常困难的局面，最终的胜负就很难说了。

在上述各种开局中，除了 E 开局，其余八种开局可以分成四组，即 A 与 I、B 与 H、C 与 G、D 与 F。每组开局都是两两相对的，一种显示我方状况，一种显示竞争对手状况。例如，某个项目对我方来说是 A 开局，对竞争对手来说就是 I 开局。竞争对手可以采取的销售行为就是我方需要严加防范的。例如，处于 I 开局的竞争对手要做的是找全和扩大我方的弱点，而处于 A 开局的我方需要做的则是赶紧消除过去的不良影响。销售人员可以参照这八种开局的描述策划自己的攻防动作。

在以往的培训中，很多学员会问，单子一定要按照开局策略来打吗？我们的回答是，不一定，按开局策略来打也有可能丢单，不按开局策略打也有可能赢单，在大客户销售这个领域，并没有绝对正确的标准答案，我们建议大家按开局策略来打单，是基于以下两个原因：

（1）不按开局策略来打，会对赢率、利润率、客户关系健康度产生负面影响。

（2）用开局策略来分析单子，会帮助销售人员尽早发现风险和机会。

举个例子，我遇到过一个做自动控制销售的学员，他的区域里有一个不错的客户，他盯了两年一直没能合作，客户方的技术负责人一直表示，知道他们的产品和公司都很不错，不过现有的供应商也很好，没有理由更换。今年，这位负责人突然打电话给他，表示愿意给他们一个机会，请他们就某几个型号的产品报个价，希望他能拿出一个有诚意的价格。

各位读者，如果你是这位销售人员，你怎么做？向内部申请特价抛出去？当然不是，按照九宫格的分类，这属于敌方地盘、中立开局，首先要做的是搞清楚为什么客户的态度发生转变了，是不是友商犯了什么错误？一番操作之后发现，根本不是价格的问题，而是原有供应商在新机型上的配套方案达不到要求，卖出去的机器故障率偏高而且不能及时维护，被客户的客户投诉。

在面对这个场景时，大量没有经过良好训练的销售人员可能会降价，但是这种情况下想要拿到单子，靠的根本不是降价，或者说，如果你技术过硬能解决这个问题，价格比对手高也能赢。

类似的场景比比皆是，很多时候，销售人员采取了错误的销售策略，给自己的赢单带来了麻烦，也损失了应有的利润。通过开局定位的分析，就可以帮助销售在第一时间发现机会和风险，赢得更高的利润率和客户健康度。

「案例练习」

在第四章至第八章，我们会在每章的最后一个部分描述一张单子，请读者把自己想象成打这张单的销售，思考在当时的场景下，自己会做出什么选择。我们设置了一些练习，参考答案放在了本书的附录里，建议大家在看到练习时先自己思考并写下答案，不要看附录，也不要先看案例的后续进展。

一、商机乍现

客户背景：

S医院是S省某地区的二级区域医疗中心，在区域内有着举足轻重的地位，对周边医院具有巨大的影响力，年收入3亿元。心内科、妇产科都是该医院的重点科室。2022年7月，新的住院大楼即将投入使用。新大楼使用后医院床位将达到1 500张。

项目背景：

2021年10月，你加入X公司，负责S省的销售。原负责S省的老销售离职了，交接时他告诉你，S医院准备采购64排CT（放射科使用的大型设备），必须在新大楼投入使用前完成采购和装机，此次医院的联络人是采购处，具体需求还没有去谈。

同时，老销售人员还告诉你以下信息：

合作历史：

两年前，医院买过我们的DR和数字胃肠设备。当时的经销商J1一年前不跟我们合作了，改为代理Y公司的产品。

一年前，采购过Y公司的一台双排CT。

半年前，采购过Z公司2台超声。

人物背景：

老销售向你介绍了医院的人员构成，同时表示，之前的几次采购就是这些人定的。

A，副院长，48岁，男，主管医技和业务，上任2年，是原放射科主任。一心想做好业务，对品牌没有倾向性。

B，副院长，58 岁，男，分管设备采购，在位 8 年，为人比较谨慎，是医院里出了名的老好人。

C，医技部主任，41 岁，男，在位 3 年，放射、超声、化验、心电图等都属于医技部。

D，放射科主任，44 岁，男，在位 5 年，是当地的放射专家，小有名气。

E，设备科科长，45 岁，男，在位 6 年，以领导意见为主。

F，采购处处长，44 岁，男，在位不到 1 年，采购处是新成立的处室，和设备科的分工有些重叠，目前来看，很多院内招标的流程主要是采购处来负责。

此时，经销商 J2 也打来电话，说他跟这家医院分管医技的 A 副院长关系很好，而医院的采购一向尊重临床科室意见，他可以带你一起去见见 A 副院长，希望你把这个项目的授权给他。同时，经销商 J2 也表示，之前一直没能拿到单子，是你们太不上心了，这次一定要有诚意。

练习：

1. 你觉得老销售人员给你的信息足够吗？你还想了解哪些？

2. 你要把授权给经销商 J2 吗？

二、初步接触

你拜访了医院的联络人，采购处处长 F 接待了你。但是，他表示：医院只是打算买一台多排 CT，原来那台双排的不够用了，并没有确定要买 64 排的，可能是你们的销售理解错了，你把 16 排和 64 排的产品都给我们介绍介绍，保修期和售后服务这一块也要介绍。最终买什么，还是要向院长汇报，你要好好准备，这次 G 院长（正院长）还是很关注的。

你马上找老销售人员和内部对这家医院比较熟悉的其他同事和领导又核实了一圈，对人员信息做了一些补充如下：

G，院长，48岁，男，两年前从其他医院调任，原来任职的那家医院在当地的名气和水平都比不上S医院，据说有很好的上层关系，跟我们没有太多接触。

H，书记，59岁，男，在这家医院工作了20多年，两年前从书记兼院长位置上退下来只做书记。为人强势，在医院有很强的影响力。之前借助经销商J1的关系有过接触，从经销商J1转做Y公司的经销商之后，和我们就基本没有接触了。

A，副院长，48岁，男，影像出身，留美博士，主管医技和业务，上任2年，是原放射科主任。一心想做好业务，对品牌没有倾向性。

B，副院长，58岁，男，分管设备采购，在位8年，为人比较谨慎，是医院里出了名的老好人。

C，医技部主任，41岁，男，在位3年，放射、超声、化验、心电图等都属于医技部。

D，放射科主任，44岁，男，5年前任放射科副主任，2年前A副院长升任院长后升的主任，是当地的放射专家，小有名气。

E，设备科科长，45岁，男，在位6年，以领导意见为主。

A副院长、E科长在两年前采购我们的DR时都有过接触，但是此后除了D主任之外接触都不多。D主任对我们的产品和服务还是比较认可的，也来参加过我们的几次活动。

F，采购处处长，44岁，男，在位不到1年，采购处是新成立的处室，和设备科的分工有些重叠，目前来看，很多院内招标的流程主要是采购处来负责。

练习：

你准备先去拜访谁？目的是什么？

三、开局定位

你拜访了 D 放射科主任，对他的反馈如下：

在技术上 D 主任非常熟悉我们。虽然医院上次采购的双排是 Y 公司的，但是他个人更支持我们，上次之所以买 Y 公司的，是因为 H 书记力挺，当时医技部和设备科都听书记的。Y 公司产品的故障率还是比较高的，经销商仗着和书记关系好，对业务科室不够关注，服务跟不上，Y 的学术支持也跟不上。这一次的项目，他是想要 64 排的，A 副院长也是这个心思，G 院长对医院的发展也是很有想法的，不过，现在医院要花钱的地方多，最终用什么还是要上会讨论的。他肯定会帮我们，但是要我们提供更多的材料好让他去申请。

同时，他让我们多和 F 处长联系，F 处长是 G 院长提上来的人，后续的招标肯定是 F 处长负责。

你再次拜访了 F 处长，得到如下反馈：

F 处长表示欢迎我们来参加这个项目。下一步，医院会组织考察，Y 公司已经邀请医院去考察一家省会城市的三甲医院，不过，G 院长觉得 Y 公司提供的这家医院水平一般，在省会的三甲医院里排名不靠前，F 处长问我们可以提供什么医院去考察，特别希望考察一下心内科的设备使用情况。

同时，F 处长也提到，明年医院应该还要为妇产科采购超声产品，也希望我们参与，不过这个没那么着急。

你又找经销商 J2 聊了聊，他见你对医院的情况比较了解，说话也就实在了很多：

经销商 J2 表示，A 副院长其实想买 64 排的，他对设备科的未来发展还是有想法的，16 排的在科研和心内的一些检查上都不如 64 排。跟我们合作，一定要力推 64 排的。

经销商 J2 还说，G 院长很信任 A 副院长，A 副院长支持我们，G 院长肯定也不会反对的。至于 H 书记嘛，已经退下来了，话语权没那么大了，这事搞定 A 副院长就成了。

练习：

1. 接纳者是谁？目前信息充分吗？

2. 此项目是什么定位？

3. 此项目是什么开局？你的打单策略是什么？

第五章

挖掘需求阶段的
销售策略

销售流程的第二个阶段是挖掘需求，这也是大客户销售当中最重要的阶段。在第三章里，我们对挖掘需求阶段的关键点进行了概括描述，本章中，我们将从"人"和"事"两个方面来讲解如何挖掘需求，并且给大家三张图：五维分析图、圈子地图和 BVF 分析图，用这三张图作为项目分析工具，可以清晰地展示一张单子的进展。

需求的定义

在销售中，需求指的是现状与期望之间的差距。因此，可能由于两种原因产生需求。

第一种是，现状比较糟糕，也就是出了问题，这个问题不解决会带来大麻烦。比如，总是不能准时供货带来了客户投诉和客户流失，现有设备陈旧带来了极大的运营成本，人员流失率居高不下使得招聘和培训工作压力巨大，等等。

第二种是，现状还可以，但是对未来有着更美好的憧憬。比如，已经做到区域的龙头企业想向全国一流靠拢，已经做到中国市场的老大想向世界进军，业绩已经很不错了想更上一层楼，等等。

拿《西游记》里师徒四人来打个比方，孙悟空和沙僧之所以愿意去西天取经，就属于第一种情况，孙悟空被压在五指山下饥食铁丸渴饮铜汁，沙僧被贬在流沙河里每七日飞剑穿胸肋百余次，但凡能有人来解救，去西天取经的事不在话下。唐僧和猪八戒则属于第二种情况，唐僧已经钻研佛法有成，出于对大乘佛法的敬仰和普度众生的追求选择了取经，而猪八戒在高老庄有吃有喝，去取经是为了修成正果。

需要注意的是，这里说的"差距"，指的不是客观事实，而是客户的认知，即客户认为有差距。客户觉得差距越大，需求就越强烈，客户觉得没有差距，就没有需求。所以，经常会出现销售人员觉得现状已经一塌糊涂了，而客户却依然自得其乐的情况。

案例

> 我曾经有过一次非常失败的会面。作为课程顾问，我陪同销售人员去见一位培训经理，对方在介绍自己的培训规划时显示出非常强的自豪感和优越感，也能听得出来他在公司里异常强势，销售培训的事情完全他说了算，业务部门根本无法对他构成挑战。谈话中，无论我提出什么有关销售培训的问题，他的回答永远是一个意思"这个问题我们解决得很好"。虽然从专业的角度，我不认为他的工作做得完美，但是客户的立场是无法用辩论来改变的，我只能提前结束这次拜访。

一、明确需求和隐含需求

需求可以分成明确需求和隐含需求。

所谓明确需求，指的是客户已经清楚自己要什么了，对供应商提出了明确的要求。隐含需求指的是客户对于现状有了不满，有了想改变的意愿和冲动（有时候这个意愿可能还不明显）。

明确需求和隐含需求是雷克汉姆在他的《销售巨人》一书中明确提出的，同时，雷克汉姆还认为，处于隐含需求的客户是不会做出采购决定的，销售人员一定要把隐含需求推动到明确需求才会让客户做出采购。

这个说法没错，但是存在着一个可能的误区，即让销售人员误会明确需求比隐含需求更重要。其实，发现客户的隐含需求非常重要，对于销售人员来说，如果面对的客户没有隐含需求，全是明确需求，是一件很恐怖的事情。原因很简单，这个市场上不止你一家供应商，你不做或者还来不及做的事情，竞争对手会去做的。

我们来描述两个场景：第一个场景，假设你是一家电脑代理商的销售，有一天你接到了一家学校的电话，这是一个陌生的客户，对方说要购买一批电脑，明确告诉了你数量和配置的要求，请你在三天内给个报价。第二个场景，你的身份不变，客户的身份也不变，不过，这一次客户告诉你他们想做一个信息化教学中心，找你去聊聊。这两个场景，你觉得哪个更有利一些？

第一个场景，客户表现出了清晰的明确需求，但是，很遗憾，大多数情况下，这种明确需求和你没啥关系，是被竞争对手开发出来的，这也意味着你在竞争中处于劣势，之所以还找你，可能是因为采购制度规定必须要有几家供应商，可能是因为要留你做备胎，也可能是因为要利用你去压竞争对手的价格。

第二个场景，客户表现出来的是隐含需求。或者说，只是一个目标、一个想法，具体怎么做不知道。销售人员有大把的机会在接触的过程中去挖掘和引导需求，占据先机。

概括一下就是，客户的隐含需求当然要被推进到明确需求才会购买，但是，如果这个推进工作不是你做的而是竞争对手做的，表现出明确需求也没用。

二、业务需求和个人需求

具体到每个采购者，需求可以分为业务需求和个人需求。

业务需求指的是这次采购能给采购者所在的组织带来哪些好处，比如效率提升、成本下降、利润增加等等。

业务需求的来源通常有以下几方面：

（1）企业内部的目标，比如，为了开辟某个新市场产生的采购需求；

（2）政策和宏观环境的影响；

（3）竞争对手的影响；

（4）客户的供应商及客户的影响；

（5）新技术和商业模式的影响。

做大客户销售的，只有密切关注目标客户的行业趋势和动向，才能更好地发现业务需求，找到业务机会。

个人需求指的是这次采购能给采购者个人带来什么好处。这些好处包括个人的职位提升、在组织内部的权力和控制力增加、受到领导的赏识等等。

一提个人需求，销售就容易往桌子底下的事情去想。个人需求当然不能挂在嘴边，但是，绝大多数情况下，个人需求不是不合法的，而是一个采购者在组织内部的正当的个人诉求。很多时候，采购者需要通过实现任务动机来实现自己的个人需求，比如，通过选择了优秀的供应商做出了成绩而受到领导的赏识。

在采购者做出采购决策时，对中基层人员来说，个人需求的作用要超过业务需求。或者说，只要有资格进入采购候选名单的供应商，几乎都可以满足业务需求，谁能赢取决于谁能更好地满足个人需求。业务需求是靠产品和方案来满足的，个人需求是靠销售人员来满足的，遗憾的是，太多的销售只关注业务需求，不关注个人需求，也就得不到采购者的信任和支持。

对企业的高层而言，业务需求和个人需求往往有合而为一的趋势，特别是需求层次已经处于"自我实现"（什么叫"自我实现"在本章中会有详细阐述）的老板，个人需求就是为企业带来更好的发展前景。

不满者和权力者

在上一章中，我们详细阐述了销售路径当中的接纳者，在深入分析需求之前，有必要厘清不满者和权力者的概念和他们在一张单子当中的作用。

几乎所有的销售人员，从入行的第一天起，就会被教导要关注客户需求（当然，无论怎么强调客户需求的重要性，还是有相当比例的销售人员是不关注的），所以，我们在这一章里先明确：什么是需求，需求是怎么产生的。

在第三章我们就定义过，需求来源于客户的不满。也就是说，客户要么有一个问题要解决，要么有一个目标要实现。如果客户认为现状很美好，他就没有需求。你销售的东西再好，客户没有不满，也不会有需求（有一种特例，是客户到了年底还有预算，会去做一些看起来非必需的项目，这种情况下，他的目标不是为了解决某个业务问题，而是为了能合理地花预算，以保证预算执行率落在想要的区间）。

在挖掘需求这个阶段，销售的重要任务就是要找到客户的不满，也就是发现谁有不满，他的不满是什么。

一、不满者

不满者指的是客户当中、买方中对现状和竞争对手不满的人，他们希望引入新的供应商带来改变，倾向于和我们合作。

不满者的不满来源于"人"（权力）和"事"（业务）这两方面，主要有：

1. 对业务现状的不满

这些不满来源于实际的业务问题。比如，主管生产的车间主任对于现有的生产效率不满，总是不能按期完成生产任务；设计师对于现在使用的电脑的性能不满，做图形渲染总要浪费大量的等待时间；销售经理对于销售业绩下滑不满；董事长对于股价下滑不满；等等。

这些业务问题通常可以依靠供应商提供的方案和服务加以改进。

2. 对原有供应商的不满

第一种是对产品不满，认为原有供应商提供的产品、方案、服务不能达到要求，通常是合作过程中出了一些问题，给不满者带来了不良影响。比如说，供应商提供的元器件故障率偏高，采购部门被生产部门投诉了。

第二种是对销售人员不满，通常是因为原有供应商的销售人员做了一些错事，得罪了不满者，虽然暂时还要合作，但只要有机会，不满者就会不遗余力地替换掉原有供应商。比如，销售人员和采购部门的领导关系很好，对于经办人员提的要求不理会而是靠着领导的关系来施压，经办人员就会有不满。

第三种是因为采购制度引起的。比如，很多公司规定不能用唯一的供应商，甚至规定满了年限必须更换供应商，这类不满对原有供应商最为不幸，因为这意味着他们就算没有做错任何事情，也要减少甚至丧失份额。

3. 对政治地位的不满

这种不满是由于内部斗争引起的，不满者对现有的采购格局不满，（比如，每次采购都是某些人说了算，虽然最后选中的供应商并不差，但自己根本没有发言权这事很令人不满），希望在内部有更大的权力和影响力，因此，需要通过力挺某家供应商上位来打破原有的格局。在销售工作中，我们经常会遇到客户中高层人员变动导致供应商洗牌的情况，就是因为新上位的各路领导希望扶持自己的供应商。

有效向不满者销售，是迈向销售成功的转折点。影响不满者的目标主要有两个：

第一，与不满者达成同盟，也就是发现和扩大不满，催促行动。

发现不满者有时候比较简单，他们一直在苦苦等待新的供应商的到来，好让自己有改变现状的盟友，当有新的供应商加入时，他们表现得很热情。甚至有一些人会主动寻找新供应商。

案例

> 某医院放射科刘主任是省内著名专家，当年放射科采购 CT 时，因为院长打招呼而采购进来的 CT 设备在使用过程中反复出现问题，让刘主任非常不满。此后，医院讨论采购核磁，虽然刘主任很希望采

购新的核磁设备，但是他知道凭着院长的关系一定会采购与 CT 同一品牌的核磁设备，而采购的设备一定不令人满意，于是，硬顶着三年不立项，直到院长换届之后才重启该项目，并且找到了自己一向关注的品牌的销售来参与竞争。

这种情况下，不满者的不满已经足够强烈，销售人员要做的事情是证明自己的实力，催促行动。

有时，找到不满者并不是一件轻松的工作，这些不满者甚至不在销售人员接触的范围之内，需要通过细致的分析才能找到。

案例

林经理是某银行的对公客户经理，X 公司在当地是有名的龙头企业，林经理一直在和 X 公司的财务人员接触。他也了解到 X 公司的应收账款过高，财报不理想，甚至影响到了股价。林经理原打算以此为突破口寻找业务机会，可是，财务部对他的提议并没有什么兴趣。了解下来发现，针对应收账款过高的问题，财务部并不打算和银行进行合作，而是希望收紧对下游客户的信用政策，对账期和首笔付款都设定了比以往严格得多的条件，同时，也试图影响销售人员的考核和佣金发放制度，大幅提高对回款的要求。如果按照财务部的思路走下去，林经理没有任何机会切入，原以为财务部肯定会是不满者的想法落空了。

此时，林经理转移了进攻方向，从销售部下手。如果销售政策收紧，销售总监将面临业务拓展和安抚手下的双重压力，因此，他对财务部的提议非常不满，林经理的出现让他非常高兴，在他的帮助下，林经理终于得到了和 X 公司的合作机会。

有时，不满者的不满不够强烈，甚至不满者自己并没有意识到问题的严重性，销售人员要做的事情是扩大这种不满，让不满者觉得不可忍受，采取行动。

第二，通过不满者接触权力者。

不满者是客户中对改变最积极的人物，他有自己的问题需要解决，希望销售人员帮助他，所以，不满者是最有可能成为销售人员有力同盟的人，他可以引导你到权力型角色，极大提高销售效率和赢率。

＼＼ 案例

刘经理是 A 银行的对公客户经理，X 学校是他的老客户，他和 X 校财务处的蔡处长关系很好。在一个新的项目上，刘经理面临着 B 银行的竞争。分管财务的孙副校长和财务处的马副处长都支持 B 银行，压力之下，蔡处长准备向刘经理说抱歉。

仔细分析之后，刘经理发现蔡处长和马副处长一向不和，而孙副校长再过两年就要退休，在这两年里，很有可能通过种种运作，一点点顶马副处长上位，而把蔡处长打发到闲职上。如梦初醒的蔡处长准备展开反击，想依靠和校长的关系请校长出面。

在刘经理的提示下，蔡处长说出校长非常注重学校和个人的声望，可能对学校带来负面影响的事情绝对不干。于是，刘经理准备了详细的方案对比，证明 A 银行比 B 银行合适，如果换掉 A 银行肯定会引起学生的不便和抱怨。最终，蔡处长请动了校长，否掉了孙副校长的意见。

二、权力者

权力者也就是项目的决策人，在大客户销售中，见到权力者是一件非常重要的工作，也是最令销售人员头疼的事情之一（相信把"之一"两个字去掉也会得到很多人的认同）。虽然权力者也有可能是客户当中的中基层，但是，对于大项目来说，权力者大概率是组织中的高层甚至是一把手。

三、三类角色的混合

接纳者、不满者、权力者这三类角色可能是分开的，但是大多数情况下会出现多种角色混合：接纳者和不满者二合一是常见的，大多数接纳者之所以愿意持续给你信息，就是因为自己有不满需要你解决，而不满者发现你可以帮助他解决不满时，也会成为很好的接纳者。不满者和权力者二合一也很常见，特别是大项目中，如果权力者没有不满，这个项目就不可能存在。

案例

某集成厂商多年以来只与某品牌厂商进行单一合作，董事长颇有微词，不久之后工厂要上一条新生产线，董事长认为这是一个可以把鸡蛋分到不同篮子里的机会，借此希望看看其他品牌厂商的产品。于是，分管销售的副总经理、销售经理、技术经理等人在洽谈过程中都心领神会地对另一家供应商大开绿灯。原有供应商虽然深得采购的支持，却还是表现不力，产品的所有不足几乎都被翻了个底朝天，给出"史上最低"的价格也难挽颓势，反而被人说成是"看来以前要的价钱很有水分啊"，非常无奈地输了这一单。

在这个案例中，董事长作为不满者，对企业核心业务领域只用一家供应商颇有疑虑，同时作为权力者，当然可以将这一疑虑下达给有关部门负责人，并产生极大的影响力。这就是不满者、权力者两种角色身份二合一的现象。这种情况发生的概率是很高的，但是很多销售未必能洞察权力者的不满。

三合一的现象在大项目中比较少，需要你和对方的权力者在项目发起时就有很好的信任关系（注意不只是良好的私交，而是从个人关系和业务价值两个方面都信任你）。在一些小项目里，如果部门级领导本身就能拍板做主的，则可能发生角色身份三合一的现象。比如，某部门经理一开始愿意接待销售人员，成为销售人员有可能切入项目的接纳者角色；渐渐地在聊天的过程中还会透露出不满意现况、希望引入新竞争者的重要信息，此时他有可能就是隐藏的或显露的不满者角色；最后，销售人员惊喜地发现这位部门经理本人就可以对这个项目的立项甚至采购做主。面对这种一人三角色的复杂情况，考验的是销售人员明不明白客户在不同角色状态下的不同需求，以及如何引发他进入下一级角色的能力！

至此，销售路径阐述完毕。

接下来，我们从人（政治关系）和事（业务价值）两方面来说明一个合格的大客户销售在需求确认阶段需要做的工作是什么。

「个人需求和决策结构分析」

先来看怎么分析人。我们已经强调过很多次了，大单采购一定是多人决策，最终的结果是多人博弈的结果，分析不清楚人，销售之路一定会步步惊心，不定哪一天就触雷。

在处理人的问题上，销售人员经常会走进两个误区：一是不考虑人，只考虑产品、方案、价格等硬性指标，认为只要东西好客户就一定会买；二是认为天生的关系是最重要因素，认为销售过程就是比谁认识的人多、谁认识的人官大，而不考虑关系的建立和发展需要遵循什么样的规律。而无数真实的案例都告诉我们，不是东西好就能拿单，也不是搞定了一把手就能拿单。

于是，又有销售人员走进了第三个误区"不可知论"，认为"好的大客户销售是天生的，大单的偶然因素太多，大客户销售是艺术，不可复制"。甚至，在很多销售案例里特别强调某些突发性事件，其精彩程度都不亚于小说了。

其实，对人的分析是有规律可循的。对人的分析分为两个方面：一是微观分析，即某一个人的需求和关注点；二是宏观分析，即本项目的决策结构和决策人之间的关系。在本节中，我们提供两个工具来说明如何分析人。

一、五维决策地图

我们采用五维决策地图（简称"五维模型"）来对客户的决策结构

进行分析，在过往的培训和实际打单辅导中，使用这个工具，我们对案例的描述可以比绝大多数销售人员本人更加清晰，对正在进行的单子的预判也更为准确。五维模型示意图如图5-1所示，这张图同时反映了对客户的微观分析和宏观分析。

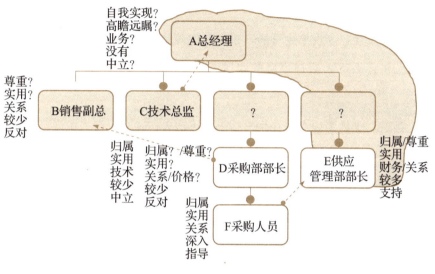

图 5-1　五维模型示意图

1. 客户微观分析——采购者的五维切片

我们从五个维度出发对每一位采购者进行分析，形成对单个人较为完整的认识，五维模型即因此而得名。

（1）第一维：马斯洛需求层次。

马斯洛需求层次可以用来分析采购者的个人需求，共分五个层次。

①生理需求。第一个层次是生理需求，指的是采购者希望在项目中从销售人员处收取好处，通俗的说法是"要回扣"。

无须讳言，生理需求是销售领域里延续了很久的话题，也有一定比例的销售人员将满足生理需求奉为成单的圭臬，这种认知我们是反对的。销售需要搞清楚三个问题：

第一，有生理需求和生理需求为主导需求是两回事。有生理需求指的是客户在参与采购时并不排斥接受销售人员给予的物质利益，生理需求为主导需求意味着采购者买东西只看回扣。有生理需求很正常，但是以生理需求为主导需求的人占比并不高，而且此类人的级别往往也不高。

第二，客户表现出生理需求很多时候是被销售"逼"的，很大程度是因为销售人员无法在更高的层次与客户沟通，只会在生理需求上下功夫。

第三，销售不应该只在生理需求上下功夫，这么干误人也误己。

②安全需求。第二个层次是安全需求，指的是采购者希望保护自身的职位安全，不愿意在采购中承担风险，常见行为有以下几种：

第一，不敢表态。以安全需求为主导需求的人，通常不发表明确的意见，而是希望把采购流程做得看起来很公平，最终的选择是群体决策的结果。

第二，推迟采购。如果权力者有强烈的安全需求，通常会推迟项目采购，除非这个项目有非常明确的时间要求，非做不可。

\\\\ 案例

　　若干年前，我所在的行业推动一项新业务，市场空间非常大，与普通的业务不同，企业完成此项采购必须要通过政府的相关部门审批。在一个经济发达省份的省会城市，各家公司都无法开展新业务，原因就是负责审批的处长即将退休，不希望在新业务的尝试中出现违规情况，对于所有采购均不批准。

第三，降低预算，缩小项目范围。压缩预算也是降低风险的常用手段，也就是先少花点钱试试效果，效果不错就接着搞，效果不行就改弦更张。

以下几类情况下容易出现安全需求：刚上任，初到某地没看清情况不敢乱发表意见；即将退休，不想担风险；出过事，本次面临较大压力；项目受到多方关注，采购者谁也不想得罪；有政治斗争或处于仕途的关键期，要避免引起他人的攻击。

具有安全需求的采购者，对供应商并不一定没有倾向，只是会做出对所有的供应商一视同仁的姿态，甚至为了避嫌，会对与自己关系好的供应商表现出疏远的态度。

③归属需求。第三个层次是归属需求，指的是采购者希望利用在此项目的选择向更高层的领导表忠心，具体表现为采购者对供应商的态度和高层保持高度一致，会跟随高层态度的变化而变化，常见于以下情况：新上任的中层需要得到领导的支持；有新的上位机会的中层需要做一些事情向领导表功；企业内部有政治斗争，中层需要表明立场"站队"。

④尊重需求。第四个层次是尊重需求，指的是采购者希望借此项目向他人证明自己的权威，表现为一定程度的偏执甚至不惜与大多数人意见相左。常见情况：在某地"江山未稳"的高层；内部有政治斗争，权威受到挑战的中高层。有些时候，某些技术专家也会表现出尊重需求。

⟋⟍ 案例

　　韩经理是一家电气元件公司的销售，最近，他在一家老客户那里遇到了不小的麻烦。过去几年，韩经理和采购部的关系已经处得非常好，某项产品的销售额更是占到了公司全年销售额的 20%。今年，韩经理希望用一个新型的产品替换老产品，一旦成功完成替换，韩经理的利润将有很大的增长。由于技术革新，新产品的质量和性能都比老产品更好，而且，客户的采购成本也更低。

韩经理向采购部的经办人张科长提出了这个建议，张科长一口应承，然而，几天之后，麻烦来了，张科长打来电话说仍然按以前的方案进货。原来，按客户最新的采购规定，更换元件型号需要技术部签字认可，而技术部负责此事的李工反对更改型号。

韩经理通过张科长约见李工，然而，李工在办公室里的态度十分不友好，韩经理未取得任何突破就被轰了出来。又通过采购部约见了技术部的王部长，王部长很客气地表示欢迎和愿意合作，然后表示这件事情的技术把关是李工，只要李工认为技术上合格，他完全同意更换。

韩经理只能再去找李工，这一次李工的态度稍好一点，但仍然表示对于更换产品这事不放心，要求韩经理拿出证据来表明新产品的质量完全没问题，提出要韩经理进行某项实验测试，测试报告显示合格才可以，而这项测试需要花费的时间和金钱都比较多。

无奈，韩经理转而找采购部帮忙，希望采购部的赵部长能在内部会议上力挺一把，可是赵部长表示这事是公司规定，他不太方便说话。韩经理分别约了张科长和另外一位公司内部的朋友出来喝酒，得知公司内部有一些不利于采购部的传闻，赵部长也就不太愿意在内部表示明确支持哪家供应商。而技术部的王部长一向与赵部长不太对付，此次李工不签字，也无非是在王部长的授意下借机为难。

这个案例中，王部长很明显地表示出了尊重需求，韩经理和采购部的关系越深，就越容易受到王部长的排挤。更不妙的是，采购部的赵部长表现出了安全需求，支持自己的一方是安全需求，反对自己的一方是尊重需求，这是销售最头疼的局面。

⑤自我实现需求。第五个层次是自我实现，即采购者以某一业务目标的实现和个人的成就感为目标，表现为关注业务的突破、企业市场地位的提升和个人的功成名就。自我实现需求强烈的往往是企业的高层，他们或者面临一项新的市场机会踌躇满志，或者希望在卸任前完成某个夙愿，或者希望在任期内拿到好的业绩以期有更好的发展。

需要注意的是，未必处于高位的人的需求层次就一定是自我实现，例如，一个新到任的领导，在组织内尚未建立起个人权威之时，表现出来的主需求层次往往是尊重。

⑥销售人员的应对。针对不同层次的需求，销售人员的应对方式是不同的，基本原则是两句话"有利则迎合，不利则改变"。

"迎合"指的是满足对方的需求。

对安全需求，销售人员需要提供足够多的材料，让对方坚定信心；或者帮对方设计流程，从程序上无懈可击。

对归属需求，销售人员需要展示自己与高层的良好关系，或者和对方讨论如何才能实现高层的目标得到高层的认可和器重。

对尊重需求，销售人员要表示对于对方的坚定支持，帮助对方压制内部的不同意见，同时，要特别注意不要在对方面前显示你跟其他派系有良好的关系。很少有销售人员能够同时受到客户内部"敌对"双方的欢迎，销售人员需要做的事情是分清阵营，不要搭错线。

对自我实现需求，销售人员要充分表达对业务目标的理解和己方的解决方案是如何帮助客户实现目标的。自我实现需求为主导需求的人通常是组织的高层，销售人员必须能够站在战略高度去观察组织的业务发展，为其描绘宏伟而美好的蓝图。

"改变"指的是想办法改变对方的主导需求，朝有利于我方的方向去转变。比如有人基于生理需求支持你的对手，你能请动更高级别的领导出面"吓唬"他，出于安全需求或者归属需求，他就不敢再支持竞争对手了。

（2）第二维：对待变革的态度。

对组织来说，发起新的项目意味着面对变革，不同的人会表现出不同的态度，一共有五种，分别是革新主义、高瞻远瞩、实用主义、保守主义和落后。

革新主义者关注的是创新，他们希望用最新的方案，希望能做成其他人没有做过的突破，甚至可以接受一定的试错。在组织当中，革新主义者往往是想做出政绩的高层，或者是一些有"执念"的技术控。销售人员面对此类采购者，要突出的是技术领先，客户是同类企业中最先采用此类技术的。

高瞻远瞩者关注的是此次采购对组织在未来一段时间的影响，他们希望使用的东西能在较长的时间里帮助到组织，常见人群是有战略眼光、对项目的长期结果负责的高层和中层。面对此类采购者，销售人员要突出的是自己的方案能够与客户的战略目标相吻合，将在未来一段时间提升或者保持竞争优势。

实用主义者关注的是此次采购如何解决目前的问题，销售人员需要突出的是对他目前处境的理解以及自己的方案是如何帮助他解决问题的。

保守主义者除了关注此次采购如何解决问题，还关注风险，会选择成熟的低风险方案，销售人员需要突出的是自己方案的成熟度和客户的成功案例。

落后者是在不得不采购的情况下才倾向于采购，他们不喜欢变化，更愿意保持现状。此类人群通常不会作为进攻的主线，在组织当中也通常占据不了高位。

在人群中，实用主义者和保守主义者占比较高，但是，组织的高层又往往表现出革新主义或是高瞻远瞩的特性，这就要求大客户经理在不同层级的人面前，能够对方案有不同的呈现手法。既能在高层面前谈企业的长远发展，又能在中层面前谈如何解决具体问题。

（3）第三维：决策关注点。

决策关注点分为四类，分别是财务、技术、关系、业务。

关注财务，指的是采购者关注采购成本，也就是价格和成交条件。常见的一类人群是财务和采购，因为降低采购成本往往是他们的 KPI，另一类人群是组织的高层。

关注技术，指的是采购者关注性能更优的产品和方案。此类采购者关注技术细节、参数对比、使用习惯，而对价格相对不那么敏感。常见的人群是使用部门或者技术部门的专业人士。需要注意的是，这里的性能更优并不是指采购者的产品在技术上比别人有更多的创新，而是指这个技术对于采购者来说更加合适，比如使用部门经常会从使用习惯出发而选择一直合作的品牌。

关注关系，指的是采购者希望能获得更好的内外部关系，关注内部关系意味着关注上级和其他部门的采购意向，关注外部关系、关注供应商和自己以及组织内其他人员的关系。

关注业务，指的是采购者希望通过这次采购更好地推动组织的发展和业务目标的实现，这一点听起来和第一维中的自我实现需求有些相似。关注业务的常见人群有两类，一类是组织的高层，另一类是对组织的业务目标达成负有重要职责的中层。

销售对策遵循同样的原则：有利则迎合，不利则改变。关注点的定义非常清晰，从这四个名词出发读者都可以知道该如何操作。我们在这里要强调两点：一是组织的高层首先关注的大概率是业务，即组织的长远发展，对于技术细节、成本等问题则是相关职能部门考虑得比较多。但是，很多销售人员习惯和客户的中基层人员打交道，见到高层仍然偏重讨论细节问题，而无法与业务相关联，就会失去高层的信任。二是高层往往也会关注财务，在业务和财务发生冲突时，高层会优先考虑业务，但是如果他认为各家供应商在业务上带来的帮助差异并不大，会把降本作为重要要求。比如近几年很多行业的国产化趋势，除了"政治正确"之外，降本是一个重要的原因。

案例

在一次培训前的案例调研中，一位销售人员提到他面对的那位董事长提了一些要求，让他很为难，这些要求是：设备必须是在国外生产和组装的，必须五年保修（业内的惯例是三年保修），项目实施时必须有国外专家参与。我当时觉得很奇怪，这应该不是董事长关注的范围，在我的追问下，销售人员表示在刚见面时，董事长就提到了两个关注点，一是公司的销售额，二是公司的盈利，此次新项目上马的核心目标是这两个，因此，这次会有一些严格的要求。遗憾的是，销售人员没有在这两个问题上展开讨论，而是转向了细节。最后，竞争对手提供了一个可以降低成本和提高运营效率的整体解决方案，赢得了这一单。

判断个人需求和决策关注点，都不是容易的事情，对于销售来说，可供使用的方法有以下几个：

第一，推断。推断的依据有这样几个：一是职位，同类职位的采购角色的个人诉求往往是相近的；二是看他们的行为表现。需要注意的是，推断不是瞎猜，而是根据采购者的现实表现做出的合理推测（当然，推测完了还需要去验证）。在这个问题上，反而是一些老销售容易犯错误，他们会根据自己的经验和所谓的感觉，来凭空猜测一些东西，比如对方不接触我们就一定是因为收了对手的好处等。

第二，找自己的接纳者验证。销售要养成找接纳者验证的习惯，这些人在内部的行为表现，你的接纳者比你更清楚。

第三，直接问当事人。除了内线可以直接问个人需求外，对其他的人不能冲上去就问"你有什么个人需求？你想要得到什么好处？"那是赌博不是销售。可以问的是"你觉得这事怎么样？""你希望达到哪些效果？""出现了什么样的结果你就觉得基本满意了？"之类的问题，通过客户的回答进行判断。想要问得出来需要销售具备高超的拜访技巧，我们会在另一本书《高效拜访》中加以阐述，不作为本书的重点。

（4）第四维：与我们的联系紧密度。

这一维分为四个层次：没有联系、联系较少、联系较多、联系深入。判断联系的紧密程度有两个指标，第一个是联系的频率，多与少是相对的，没有明确的数量标准，但在一张单子里，谁见得多、谁见得少销售还是可以有正确判断的。第二个是联系的深度，即交换信息的级别。

所谓没有联系指的是销售跟客户没有什么接触的机会，或者只在公开的会议场合见过面而没有单独接触，相互之间没有什么信息交流。联系较少指的是销售与客户有单独接触，但是频率比较低，接触时主要进行公开信息的交流。联系较多指的是销售与客户的联系频率较高，已经有半公开信息的交换。联系深入指的是销售与客户已经进行隐私信息的交换，简单点说就是已经到了知无不言、言无不尽的程度。

我们解释一下什么叫公开信息、半公开信息和隐私信息。所谓公开信息指的是采购者面对任何一家参与选型的供应商都会告知的信息，通常包括组织结构、采购流程和客户要求，比如我们这个项目要招标了，这一次我们对设备的性能有哪些要求。半公开信息指的是采购者只会向部分供应商（自己偏向的供应商）透露的信息，通常包括各部门的需求、高层希望实现的业务目标、有哪些竞争对手参与等等。隐私信息同样是只会向部分供应商透露的信息，通常包括决策结构、个人需求和倾向，竞争对手的方案。隐私信息和半公开信息的主要区别在于，透露半公开信息并不会给采购者本人带来风险，而透露隐私信息是可能带来风险的。比如采购经理告诉你技术部门更关注使用习惯，透露这个信息对采购经理是无风险的，但是，如果他告诉你技术部门强调使用习惯只是个借口，真实原因是他们跟那家供应商关系更好，透露这个信息是有风险的。

强调一下，交换何种信息才是判断联系紧密程度的核心指标，仅仅频率高并不代表联系紧密，联系较多和联系紧密有一定的关联关系，和一个人频繁多次的接触，大概率是有利于双方的关系进步的，但是两者之间不是必然的联系。客户不拒绝接触销售人员，不拒绝和销售人员一起吃吃喝喝，并不意味着双方联系深入，也不代表着客户就一定支持我们。

通过联系的紧密程度，我们可以理性衡量销售人员是否在重要的人身上花了足够的时间、是否取得了理想的效果。在实际打单过程中，销售人员经常会根据采购者对自己的态度是否友好来决定与人交往的频率，有意减少对一些不太好打交道的人的拜访，这是一个误区，在大客户销售中，销售人员不能想见谁就去见谁，而是要做到该见谁就去见谁。

（5）第五维：对我方的态度。

对我方的态度分为五个层级，由高到低依次为指导、支持、中立、非支持、反对。

①中立。中立者不表示出任何偏好，哪家供应商赢得项目对他来说都无所谓。中立者的产生主要有两种情况：一是这个项目真的和自己没啥关系，自己就是个按照流程来"打酱油"的，销售人员需要做的是找到他的个人需求，打动其支持自己。当然，如果此人无足轻重，根本不需要做他的工作；二是出于强烈的安全需求保持中立，销售人员需要做的是满足其安全需求，使其放心支持自己。

②支持。支持者在竞争对手和我方之间倾向于我方，希望我方能赢得项目。但是，如果内部有较大的支持对手的压力，支持者可能退缩。销售人员需要做的是找到并满足支持者的深层次需求，激励其成为指导者。同时，需要多管齐下在企业内部扩大影响。

③指导。指导者是我方坚定的支持者，可以为我方提供反馈、指导、内部关系和竞争者信息等方面的帮助，有的指导者还会承担内部销售的工作，在客户内部明确支持我方的方案。销售人员要始终关注指导者的需求，不要做有损指导者利益的事情，同时，可以通过指导者用更有力的手段在客户内部扩大我方影响。

合格的指导者需要满足三个特点：第一，我们很清楚对方的需求，知道他为什么要帮助我们，对方也知道我们知道他的需求，在这一点上，双方有共识。第二，双方有足够的信任，我们相信指导者对内部十分熟悉，也有足够的影响力，指导者相信我们能赢得这一单，同时满足他的个人需求，双方并不隐瞒。第三，很多销售推进工作是双方共同协商得出的结果，在采取重大的销售动作之前双方会通气。有些时候，销售人员会以为客户内部的某些人是指导者，但仔细分析下来，并不满足这三个特点，对方可能是在没有其他选择的情况下只能支持我们，并没有跟我们建立起足够的信任和合作关系。有些时候，销售人员只是被客户当成了棋子。

＼＼ 案例

老王是某家跨国企业的设备销售，在过去两年里，当地一家大客户始终使用一家本土企业的产品。每次采购都走招标流程，从程序上无懈可击，每一次那家本土企业在技术分和商务分上都能拿到第一，客户方负责采购的副总经理和采购部长也都支持那家公司。作为业内公认技术最优秀的公司，老王找到了客户的总经理"投诉"，以前一直不对采购发表意见的李总经理，对老王的"投诉"很重视，亲自过问了此次的设备采购，在内部会议上也有意无意地"敲打"了采购副总和采购部长。李总的态度发挥了很大的作用，第一轮那家本土企业就出局了。

进入了第二轮的老王认为这次自己得到了李总的支持，获胜概率大增，为了有更大的胜算，便再次接触了采购副总和采购部长，在一直支持的公司已经出局的情况下，这两位也答应了老王的请求，转而在本次采购中支持老王。就在老王认为已经稳操胜券的时候，最终结果出炉，另外一家公司获得了这张单子，客户给出的理由是价格比老王低。在这样一张价值几百万元的单子当中，竞争对手的报价也只比老王低了几万元钱而已，这个差异不到2%，几乎可以忽略不计。所以，老王实在想不通为什么自己得到了各位关键人的支持还会丢这个单子。半年以后，听说采购副总和采购部长的职位都有所调整，先后离开了公司，老王才有点明白当初为什么丢了这一单。

其实，在这张单子里，老王并没有判断清楚李总的需求和态度，李总虽然对老王的"投诉"表示了关切和支持，但其实不是为了支持老王，李总根本就不是老王的指导者，而是想借此机会对采购部门的问题进行清理。而老王错误地判断了局势，没有跟李总建立起更深的信任，做出了错误的动作。可以说，从采购副总和采购部长内部表态支持老王的时候起，就已经宣告了老王的失败。

在大客户销售中，没有指导者是危险的，这意味着我方在客户内部没有稳定的同盟者，即使一时拿下单子，也有无穷隐患。因此，增加指导者是销售人员必须完成的工作。

在对待支持者和指导者时，销售人员还需要注意两点：

一是不要让他们承担我们的工作。虽然支持者和指导者能够给销售人员提供巨大的帮助，但是打下这一单仍然是销售人员的本职工作，不能把工作扔给我们的支持者。一方面，如果销售人员不能证明自己的销售能力，支持者也会退缩。比如，支持者已经帮销售人员指明了方向，明确了下一步要争取的人，但是销售人员完全没有办法取得该人的信任，只能寄希望于自己的支持者去搞定这个人。再比如，支持者帮销售人员安排了一次技术交流，但是在交流现场销售人员的表现很差，完全没有得到相关人员的认同，只能让支持者再次安排。这样的情况出现，会使得支持者开始怀疑我们的能力，并且越来越远离我们。另一方面，有些工作超越了支持者的权限。强行推动我们的支持者去做这些事，只会给他们的工作带来风险，让他们承受不应有的内部压力，最终反而会削弱他们的影响力。

面对停滞不前的局面，销售人员很容易犯这个错误，他们会期待支持者们凭借着良好的关系力挺我们，却忘记了我们也需要做到足够好才能让支持者在内部能够有机会说话。

案例

小李是一家培训公司的销售，A公司的培训经理卢经理去年四季度认识了小李，对小李的公司和课程非常认可，并且在制定今年的培训预算时做了相应的计划。不巧的是，今年A公司的人力资源总监换人，新上任的王总监很关注培训，力主引进了世界级的版权课程。卢经理觉得小李推荐的课程和老师还是很不错的，与新引进的课程有互补性，于是向王总监做了引荐。在卢经理的安排下，小李和课程顾问一起拜会了王总监，可惜的是，这一次会面没有给王总监留下什么特别深的印象，他觉得小李的课程虽然不错，但是并没有什么特别的地方，不用急着引进。

在小李的催促下，卢经理又连续向王总监推荐了两次，并且联系了业务部门（小李推荐的课程是供业务部门使用的）的负责人来共同评估。当卢经理再一次提起此事时，王总监收起了一贯的笑容，提醒卢经理还是先把已经引进的课程的相关工作做好，当卢经理离开王总监的办公室时，王总监问了一句"那家公司跟你合作很久了吗？"被王总监这么一问，卢经理再也不敢在内部大力推动此事了。

二是不要让所有人都认为我们是某个人的供应商，一旦打上了这个烙印，销售人员的回旋余地就会小很多。

案例

王天是 A 公司大客户部的经理，他在到河北进行业务督导时，参加了一次"不一般"的技术交流会。这家客户也算是老客户了，此前，在客户技术部的朱工程师的大力支持下，与客户有过某个机型的合作，但是客户的采购份额并不高。此次的新机型开发，朱工程师仍然是技术负责人，王天参加的这次技术交流会，是朱工程师发起的，除了客户技术部之外，还邀请了生产部门和销售部门的人参加。会议当中，王天看得出来，朱工程师对王天的公司非常支持，而且丝毫不掩饰这种支持，甚至身上穿的 T 恤，手里拿的笔，居然都是有王天公司 logo 的。同时，王天也发现相关部门派来的人员都很给朱工程师面子，对自己的态度都不错，但不幸的是，几乎没有什么人发表意见，就像是走个过场。

事后，王天要求销售多线联系，从其他部门打开口子。随着工作的铺开，了解到因为朱工程师对 A 公司的支持表现得太明显了，相关部门都认为 A 公司是他的"指定供应商"，所以对这单或多或少有些想法，不愿意跟 A 公司过多接触，也不希望就这样让 A 公司拿走这一单，所以，单子的推进很缓慢。

销售人员要做的事情，是借助支持者的帮助，去接触其他的采购参与者，解决他们的问题，让更多的人支持我们，而不是打下某个支持者的烙印，去向所有人炫耀自己有某个人的支持。

④非支持。与支持者相反，非支持者在我方和竞争对手之间倾向于竞争对手，所以会做出有利于我方竞争对手的举动，同样，非支持者在遇到较大的支持我方的压力时会退缩。销售要做的事情是一方面与非支持者保持接触，另一方面在客户阵营里营造出对己方有利的氛围，在压力下推动非支持者转化态度。

⑤反对。与指导者相反，反对者非常不希望我方赢得项目，会对我方封锁信息，同时将我方的产品和方案透露给竞争对手，在方案评估时建立对我方不利的评估标准，甚至以强硬的态度明确反对我方。

通常来说，反对者的出现有两种可能：

第一种，反对者是竞争对手的指导者，已经和竞争对手结成了同盟，只要竞争对手不犯错误，反对者几乎不可转化。对于这样的情况，我们不建议在反对者身上多做工作，甚至要考虑对其屏蔽信息。

第二种，销售人员的某些行为得罪了反对者，导致他对我们有强烈不满，所以要想办法反对我们。一些走上层关系进入的单子里，销售人员经常会忽视与中层的沟通，在中层"制造"出反对者。

案例

> 李军是某保险公司团体保险业务的销售人员，他和当地一家企业的总经理关系很好，向总经理推荐了一款产品，恰巧企业也正好有笔预算准备用于员工的医疗费用补贴，两边一拍即合。总经理吩咐人力资源部负责此事，人力资源部的刘经理是个薪酬福利专家，对

李军提交的方案提出了很多修改要求。李军觉得总经理已经搞定了，人事那边只是走个过场，就没有理会刘经理的提议，越过人力资源部，直接找到总经理把合同签了。

第二年，客户发生了一些人事变动，原总经理退休，空降了一位新总经理。刘经理得到了提拔，成了分管人事的副总，上任之后很快就终止了与李军的合作，宁可付手续费也要退保。人力资源部的朋友私下告诉李军：刘经理原本对李军并不反感，对方案提意见完全是出于工作考虑，希望能更细化一些，不要让员工有意见。可是李军完全没理会刘经理，借着总经理的关系强压下来，让刘经理很恼火，工作中也添了不少麻烦。所以，刘经理才会这么快地换掉李军。

2. 五维模型的三个特性

在运用五维模型分析客户时，销售人员还要注意三个特点：

第一个特点是多重性，即在某一个维度上可能不止一个答案，比如一个人可能既有安全需求又有自我实现需求，可能既关注技术又关注关系。

第二个特点是关联性。同一个人的各个维度互有关联，比如一个自我实现需求强烈的人，对待变革的态度肯定不会是一个落后者。不同的人的五维互有关联，比如，A 是 B 的下属，他对 B 有强烈的归属需求，现在 A 对我方的态度是支持，那么 B 对我方的态度应该也是支持。通过这种关联，销售人员可以发现自己的五维分析是否合乎逻辑，是否有被自己忽略的要素。

第三个特点是变化性。随着项目的推进，每个人的五维是有可能变化的。某个人开始时有强烈的安全需求，后来地位稳固不再恐惧了，他的需求有可能变成自我实现。原来有自我实现的需求，但是一期项目做砸了，需求层次可能会降档到安全。销售需要关注乃至引导这些变化。

3. 宏观分析

通过五维模型进行了某个人的微观分析之后，还需要对整个决策结构进行宏观分析。管理大师明茨伯格曾经说过：每一家公司都存在着一套看不见的权力机构，而这套机构与组织线路并无多大关系。也就是说，一个人在组织里的权力和影响力往往是不对应的，从组织架构上看不出来。这就需要销售人员找到客户的内部派系和决策结构，这个问题前面已经用过很多笔墨，就不再赘述了。

4. 五维地图

通过微观和宏观两方面的分析，销售人员就可以绘制出一张五维地图。回顾图 5-1，这张图反映了三重信息：

第一重是组织结构。由高到低分别是总经理、副总（总监）、部门、具体经办人员。需要注意的是采购部部长和供应管理部部长上面打了问号，出现这样的情况意味着销售人员对组织结构还有疑问，即在部门经理和总经理之间，应该还有分管副总这个职位，但是目前这张单子里销售人员没发现有这个职位的人存在。可能确实没有，也可能是销售人员还没搞清楚。

第二重是微观五维分析。在图上显示的是针对每个人员的标注。有一些标注之后带有问号，这是考虑到在实际工作中，五维分析需要销售从进入一个项目开始就进行描绘，但是很多信息在初期是不清晰的，销售可以通过标注问号的方式来提醒自己。随着项目的推进，这些问号也会被逐步解答。如果临近招标，五维分析图上还是有诸多问号，说明销售的推进工作存在问题，这张单子多半会以失利告终。

第三重是决策结构。在图中是以阴影和箭头来表示的，阴影围住的人是一个派系，通俗一点说就是这些人是一伙的，下一层级是上一层级的心腹。箭头则表示下一层级的人想向上一层级的人效忠，但是还没有进入核心，没有成为心腹。

通过五维地图对客户进行精准分析，可以在两个方面帮助销售：一是充分认识企业内部的政治派系，不踩政治地雷；二是找到与每一个采购者打交道的策略和路线，可以有计划、有目标地发动进攻。我们假设在图 5-1 所描述的项目中，某位销售人员和采购部部长的关系挺好，请读者做一个感性的判断，他离拿下此单近还是远？通过图中揭示的决策结构可以看到，采购部部长和总经理不是一条线上的人，他想效忠的人是销售副总，但是销售副总和总经理之间关系并不好，所以，多半这位销售人员离拿下单子还远着呢。除非总经理的位置摇摇欲坠，销售副总马上要上位了，搞定了采购部部长的赢面才会比较大。但是，我们也请各位读者想一想，如果在实际工作中，你的下属回来告诉你，这张单子我已经搞定采购部部长了，你什么感觉？是不是很高兴，觉得这张单子大有希望了？但是用五维地图分析之后，你又是什么感觉？是不是觉得高兴得太早了，自己有可能踩雷了？

销售队伍逐步养成用五维地图来揭示人（决策结构）的习惯，就是销售人员和销售管理者从感性走向理性、从艺术走向技术的过程，会大大提高打单的效率。

二、圈子地图

分析"人"的第二个工具是圈子地图。与五维地图相比，圈子地图是一个相对简化的、只揭示政治关系的工具。

1. 基本概念

我们先说一下圈子地图的基本概念：圈子、相互关系、打单路径。

（1）圈子。简单来说，圈子地图把参与项目采购的人员分为三个层级，每个人用一个圆圈来表示，这三个层级由低到高分别是：

①执行层：参与项目负责某项具体事务，有建议权，可以直接向决策层汇报。大项目中通常是中层部门经理（或者是代表某个部门参与采购的人员），小项目中通常是某个部门的具体执行人员。

②决策层：通常情况下这个项目最终由他拍板。也就是说，执行层汇报上来的结果，决策层可以同意，也可以不同意，可以从汇报上来的候选供应商中选一个，也可以退回去重来。决策层通常是组织里面的高层，小项目中也有可能由中层拍板决定。

③外围高层：按照常规流程，采购不需要经过他，但是此人可以直接跟决策层说上话，而且，他对决策层是有影响力的。通常来说，外围高层是该组织的上级公司（比如集团公司、总公司）的高管或是当地政府部门官员，其级别高于决策人。

（2）相互关系。我们用两个圆圈之间的位置关系来表示两个人的关系，可以分成三种：

①圈与圈小面积相交（以下简称小相交），即下一层级愿意向上一层级效忠，但尚未成为心腹。通俗点说就是想抱大腿还没完全抱上。

②圈与圈大面积相交（以下简称大相交），即下一层级已经成为上

一层级的心腹。

③圈与圈不相交，如果是同一层级，则代表两个角色关系对立，如果是上下层级，则代表上一层级不插手这个项目或者两个角色关系对立。

（3）打单路径。最"无错"或者说最有效率的进攻顺序。

①圈与圈小相交。从上向下，即主攻上一层级，助攻下一层级（攻指搞定，即获得该人的支持。主攻和助攻都需要搞定，主攻指应该首先搞定）。

②圈与圈大相交。从下向上，即主攻下一层级，助攻上一层级。

③圈与圈不相交。如果两个角色关系对立，或者全搞定或者押宝权力更大的一方；如果上一层级不插手，则主攻下一层级。

2. 实战运用

下面，我们列举常见的圈子地图的类型，方便大家理解。

（1）单子里只有一个执行层和一个决策层，两者的关系可以分成三种，如图 5-2、图 5-3 和图 5-4 所示。

图 5-2 关系图（一）　　图 5-3 关系图（二）　　图 5-4 关系图（三）

图 5-2 中，执行层与决策层大相交，执行层是决策层的心腹。此时，执行层对决策层的目的很清楚，即使决策层对你很支持，如果执行层觉得你不够好，他也有足够的话语权向决策层提出建议，也就是说，

执行层对决策层的影响力很大。此时应该主攻执行层，助攻决策层。

图5-3中，执行层与决策层小相交，执行层想向决策层效忠，但是还没有成为心腹。此时，应该主攻决策层，助攻执行层。因为这种情况下的执行层揣摩上意，会随着决策层的意图改变而迅速改变，你在他身上花了大力气，对决策层的影响力也有限，而反过来，如果你搞定了决策层，对执行层的影响是决定性的。

图5-4中，执行层与决策层分离。此时分两种情况，一种情况是决策层不管这事（或者不想管，或者已经完全放手给执行层了），比如，某地区的医疗系统曾经集中换掉了一批院长，新上任的院长们都很谨慎，在那一年纷纷暂停了大设备的采购，必须要进行的其他采购，也基本上不插手，完全由各个业务科室来决定。这种情况下，决策权实际已经下移到执行层了，如果项目不大、人员不复杂，主攻业务科室的主任就行。如果人员复杂，可以再画细一层的圈子（即以科室主任为决策层，再分析这个科室的决策结构）。

另一种情况是决策层管事，但是和执行层不和。通常这会演变出三种可能结果：第一种，决策层收服了执行层，或者"灭"掉了不听话的执行层（比如调离、提拔副手来分权等等），这就会演变为图5-2或图5-3的情况；第二种，执行层之所以能死磕决策层，是因为他背后有其他的决策层甚至外围高层撑腰，销售人员需要找出其背后的政治势力，完善圈子地图再来确定打单路径；第三种，执行层基于某种不恰当的自负（比如自己是技术专家，或自己资格老）硬扛。一般来说，这种情况不会长久，多见于领导新来的情况，假以时日，会演变成前述的第一种情况。此时，销售人员主攻的仍然应该是决策层。因为从权限上看，执行层是走不完采购流程的，决策层即使暂时不能做出决定，至少可以拖延采购，等把人"收拾"好了再启动。

（2）只有执行层和决策层两个层级，但是，执行层不止一个。

首先要说明的是，什么情况叫"执行层不止一个"。通常来说，稍微复杂一点的采购，可能具体的执行部门就不止一个了，但是这些部门的权限和影响力是不同的。可能分为三种情况：

一是其中某一个部门的话语权最强，其余部门只是提出意见，虽然参与采购，但只是为了完成流程，不能和这个强势部门较量。比如，有技术和采购两个部门参与采购，但是，技术部门很强势，其选定的供应商，采购部门只能去谈谈价格，不能否决。

二是两个以上部门有话语权，但是这两个部门是抱团的，意见完全一致。比如，有技术和采购两个部门参与采购，这两个部门配合默契，以技术为主导。

在这两种情况下，均可视为一个执行层，所产生的圈子地图和前文一致。

三是两个以上部门有话语权，这两个部门的意见不一致。此时，在圈子地图中就需要画两个执行层，常见的有这样几种情况：

第一种，一个执行层和决策层大相交，另一个执行层和决策层不相交，如图 5-5 所示。

图 5-5　关系图（四）

> **案例**
>
> 　　有一家小企业，老板 A 是销售出身，主抓业务，不是特别懂技术，所以配套元件的采购一直是技术主管 C 说了算，而技术主管 C 一直选择的是 X 公司的产品。在某个项目中，Y 公司的销售接触到了老板 A，老板 A 就向技术主管 C 推荐了一下 Y 公司，技术主管 C 评估下来告诉老板 A 两家公司的东西都能用，Y 公司的东西更贵，就直接选了 X 公司的。但是，老板 A 无意中得知其实 X 公司的东西更贵，此后，老板 A 对技术主管 C 心生不满，但是技术主管 C 是此地的技术专家，一时半会找不到合适的人来替换技术主管 C，于是老板 A 提拔了一个采购主管 B 来制衡技术主管 C。

　　此时，新项目中的圈子地图如图 5-5 所示，打单路径是：主攻 B 助攻 A。

　　第二种，一个执行层和决策层大相交，另一个执行层和决策层小相交，如图 5-6 所示。

图 5-6　关系图（五）

　　此时打单路径有两条：主攻 B 助攻 A；主攻 A 助攻 C。相对来说，第一条路径的效率会更高。

第三种，两个执行层都想抱决策层的"大腿"但还没抱上，如图 5 - 7 所示。

图 5 - 7 关系图（六）

此时，应主攻 A，助攻 B 或 C。在这种情况下，一般攻下 A 之后，B 和 C 都不是问题，即便 B 和 C 之间有矛盾，在 A 的影响下，也不会有人跳出来反对。

第四种，两个执行层都是 A 的心腹，如图 5 - 8 所示。

图 5 - 8 关系图（七）

此时，主攻 B 和 C，或者主攻 B 和 C 的任一路也可以，助攻 A。要说明的是，如果 B 和 C 都是 A 的心腹，两个心腹在同一个项目中对抗而不互通有无的情况很少出现，即便在项目初期意见不一致，到了中后期，在 A 的影响下也很容易协调一致。

第五种，两个执行层和决策层都是分离的，如图 5 - 9 所示。

图 5-9　关系图（八）

这种没有一个执行层支持决策层的情况，与我们上一篇文章末尾说的情况"决策层和执行层分离"是一样的，应对措施也类似。

一是领导新来，下面的人联手架空新领导，实际上等同于上文说的决策层和执行层不和，主攻 A。

二是 B 和 C 背后都还有决策层支持，决策层也不止 A 一个人，要搞清楚背后的政治关系再来看怎么攻。

三是执行层互不买账，也都不买决策层的账。同样是主攻 A。具体原因不再赘述。

增加了执行层之后，看似多了几种变化，其实每一种变化背后的基本原则依然不变。

（3）决策层不止一个。

在打单的过程中，可能接触到的高职级人员不止一个，但是，这不等于决策层不止一个。如果客户内部有某位领导非常强势，独断专行，或者参与项目的各位领导是抱团的，这两种情况下决策层仍然只有一个。比如，某商业银行做职业装，从流程上看分管行政的副行长、行长、工会主席等人都参与评审，实际上完全是董事长一言堂，说选谁就选谁，其他人没有发言的机会。此时，在圈子地图里，决策层只有一人，就是董事长。

常见的决策层不止一个的情况是：客户内部有两派势力对抗，目前来看各不相让，如图 5 - 10 所示。

图 5 - 10 关系图（九）

这种情况下，销售有三种选择：

①比大小，即"进攻"话语权更大的一方。要确定该"攻"谁必须想办法搞清楚此地到底谁说了算，在没搞清楚之前，无法确定主攻和助攻。

需要说明的是，在比大小时，并不一定是决策层中职位最高的人说了算，比如，新来的一把手不一定能压得住资格老的副手。这就需要销售从两派势力的任职时间、发展规划、处事风格、在同类项目上的影响力等方面来做出判断。

②全搞定，让两派（甚至更多）势力都愿意选择我们。如果要搞定多方势力，往往需要满足两个条件：

一是你的产品（方案、公司）确实有特别明显的独特优势，而这个优势对整个项目的成败很重要。各方都希望这个项目干成，选你是最合适的。

二是你得能够平衡各方利益。在任何一方势力面前，都能表现出你在为对方的利益着想，愿意投入资源来做这件事。

③拆包，双方互不相让，就各取一块。比如，某养老保险公司进攻某商业银行的企业年金业务，主攻"人事＋行长"条线，前半程一直很顺利，并且在第一轮招标中中标。但是，招标结果送董事长报批时，被董事长废标，要求重新招标，并且在内部暗示要让竞争对手中标。此时，我方和行长合谋，改变了原定的管理模式，由行长和董事长协商，我们和竞争对手各取一块。这种情况，严格来说是"比大小"的一种特殊形式，也就是比不出大小。竞争对手面临的格局也是一样，我们各自跟紧一派，最后双方妥协分蛋糕。但是，我们并没有全搞定，也没有押中更有话语权的一方，此后对此地的政治格局要更加敏感。

对于决策层是否不止一个的问题，在打单过程中，还会面临一类情况，即销售知道有多个高职级人员参与，但是不清楚他们之间的关系，此时，要先按多个决策层来画，一点点探明信息之后再做修改。

比如，某服装公司参与某国企的制装项目，综合办公室主任负责选型，汇报给董事长。但是，最终选型结果要经 5 名委员组成的一个委员会讨论通过，目前，只知道董事长和工会主席是这个委员会的成员，另外三人是谁不知道。当下的圈子地图应该是先按这几个人都不相交来画，如图 5 - 11 所示。

图 5 - 11　关系图（十）

　　下一步，销售要干的就是摸清楚决策关系，再来调整圈子地图。当然，比较大概率的是这 5 个委员里面有好几个是"打酱油"的，最终依然是主攻执行层办公室主任，助攻决策层董事长，也就是有可能分析了半天和不分析凭感觉选的进攻路径是一样的。但是，凭着感觉选主任和董事长忽略了其他的人物，而分析之后选主任和董事长是审慎的选择。显然，后者的成功率更高，出错率更低

　　（4）有外围高层介入。为了便于阅读，我们以只有一个外围高层来举例，多个外围高层的情况读者可以自行推演。

　　第一种情况，外围高层不打算插手项目，即外围高层的圈子和决策层的圈子是分离的。此种情况下的打单路径，和只有决策层和执行层两个层级是一样的，不再赘述。

　　第二种情况，外围高层与决策层小相交，即决策层想抱外围高层的"大腿"，但还不是心腹，如图 5 - 12、图 5 - 13、图 5 - 14 所示。

图 5 - 12　关系图（十一）　图 5 - 13　关系图（十二）　图 5 - 14　关系图（十三）

　　此种情况的打单路径，是主攻外围高层，助攻决策层。也就是说，此时执行层的影响力很小，外围高层一个招呼打下来，对单子的影响是巨大的。即使执行层是决策层的心腹（有纠偏的权力），也会以帮助决策层抱上外围高层的"大腿"为第一要务，而不会发表不同意见。

第三种情况，外围高层与决策层大相交，即决策层是外围高层的心腹，如图 5-15、图 5-16、图 5-17 所示。

图 5-15　关系图（十四）　图 5-16　关系图（十五）　图 5-17　关系图（十六）

此种情况的打单路径，在图 5-16、图 5-17 中，都是主攻决策层，助攻外围高层。图 5-16 中，可以主攻执行层，助攻决策层和外围高层。

第四种情况，外围高层打了招呼，但是决策层不理会，即决策层和外围高层不相交。此时，主攻谁取决于外围高层和决策层的较量。销售人员面临的情况与两个以上决策层的情况是类似的。

销售人员需要关注的是，此种圈子局势下，通常会出现决策层还有另外的外围高层可"撑腰"，或者外围高层会找另外的决策层来作为自己的代言人参与此事。销售需要把这些背后的关系找出来。此时，会出现不止一个外围高层，不止一个决策层的圈子地图。

结合后三种情况，我们可以说，当有外围高层介入时，单子的主要矛盾是决策层与外围高层的博弈，再在执行层里打转就没用了，即使执行层在前期给了你很大的帮助，此时也影响不了单子的归属。

在具体的单子里，可能还会出现其他一些特例：比如，采购流程是分段的，第一轮广发英雄帖，从众多供应商中选三家供应商入围，这事技术部说了算，通不过的不能进入下一轮；但是，进入第二轮之后，技术部全面退出，由采购部说了算，三家供应商谁的商务条件合适谁拿单。此种情况下，圈子地图也要分段画，在不同的阶段适用不同的圈子。再比如，技术部和采购部两大阵营并不冲突，也互不干涉，必须两边的条件都满足才可以，那么，要根据圈子地图在两大阵营分别确定打单路径。

通过对圈子地图的使用，我们希望销售养成几个习惯：

①打单一定要看清圈子地图所代表的政治关系。踩了雷，掉了坑，这单就没了。

②不要上来就找人打招呼。有些招呼没用，打了反而坏事，有些招呼不需要打你也能搞定，哪怕你有高层的资源，也要先看清局势再说，不要浪费。

当然，也有一些单子是销售懵懵懂懂就拿下来的，并没有搞清楚政治关系。我们只能说，一是你运气好没踩雷，二是你的对手也不怎么样。靠这两样拿单，都不是长久之计。

业务需求和方案价值分析

前文用了很大的篇幅分析了决策结构和政治关系，读者千万不要误会打大单就是搞人际关系。做大单，能提供业务价值同样重要，客户花了大价钱，是要业务上的回报，这一点做不到，仅凭人际关系是拿不了大单的。在这一节里，我们重点分析"事"，即业务价值。

一、销售人员的三重价值

销售人员可以向客户提供三重价值：

第一重，产品的价值。也就是产品与竞品相比有明显优势，客户为了实现某个功能或是完成某个业务目标必须用你的。我们接触过很多世界一流的公司，它的品牌和产品都非常强，这些公司的销售一把手经常跟我们讨论一个问题：几年前，他们的市场占有率很高，客户只要需要此类产品必首先想到和他们合作，他们的销售哪怕不去见客户，也不会错失这些项目信息。可是，随着竞品特别是国产品牌的技术水平的提升，他们价格高的劣势越来越明显，现在"高精尖"的项目客户依然找他们合作，但在大量的普通项目上，他们的份额在减少。如果销售人员只能提供产品的价值，出现这类情况是必然的。产品的同质化越来越高是一个普遍趋势，大家的产品都能满足客户核心功能上的需求，看起来都能用，想要获胜，就需要销售人员创造产品以外的价值来建立优势。

第二重，公司的价值。也就是公司的品牌、服务、专家、行业资源等等与竞品相比有明显优势。

第三重，销售人员自身的价值。销售人员对客户的价值，最基础的层面要做到"要啥给啥"，即能理解客户的问题，按客户的要求匹配合适的方案；高一级别是能做到"商量商量该给啥"，即能在专业上和客户平等对话，帮助客户选择最有利的解决方案；更进一步是"我告诉你该买啥"，即能在专业上超越客户，提供咨询，引导客户重新定义目标和方案，而且，很多时候销售人员提供的意见和建议，其范围是大于自身产品的。遗憾的是，很多销售人员连最基础的层面都做不到，他们的行为习惯是"有啥卖啥"，不关注客户的应用场景和业务目标，只关注何时能达成交易，这样的销售人员是没有价值的。

对于销售人员来说，产品和公司的价值是自己控制不了的，销售人员需要做的是加强自身的修炼，更好地帮客户解决问题。

二、需求和要求

要求指的是客户想买什么，需求指的是客户想要解决什么问题、达成什么目标。凡是客户提出的清晰的甚至可量化的指标，比如，所要的产品的规格、型号、技术参数、数量、金额等等，都不是需求，而是要求，需要通过采购新的产品来降本增效才是需求。

销售人员想要创造价值，就必须学会从要求回溯到需求。销售人员经常面对的，不是客户的需求，而是客户的要求。客户的要求不稳定而且时常会变化，这个变化往往会让销售人员摸不着头脑，甚至一线的采购人员也摸不着头脑，只会说"领导的要求变了"。其实真正的决策人心里都有目标，各种要求都是围绕着这个目标进行的，这个要达成的目标或是要解决的问题，才是客户的需求。

要求的出现有几种可能：

（1）客户的需求已经明确，销售人员看到的只有要求。

客户的需求开发已经由竞争对手完成（越复杂的项目，客户越没可能自己想明白），而且也得到了客户的认同。但是，大多数情况下，客户不会从头到尾都只接触一家供应商，所以，在有了有倾向的供应商的情况下，还会拉另外一些供应商来聊聊，不过又不太愿意在这些供应商身上花费太多时间，就会去提一些明确的要求，要求供应商提供方案和价格来供选择。只要这个要求不是你"忽悠"出来的，你做得再好，也是备胎。

还有一种可能是，销售人员开始接触的往往是一些职级不高的人员，很多时候，他们可能看不到真正的需求，只把采购当成某个具体的任务来完成。如果在这个层面做单，很难做大，也很难建立竞争优势。

（2）客户的需求也不明确，但是销售人员没有做挖掘需求的动作，只是围绕着要求打转，双方都很苦恼。

比如，客户要找我们做一个课程，给了明确的大纲和模块。照着这个做下去，发现客户要不停地为课程增加新内容，明明是销售技能类的课程，完工以后要加心态调整的内容，要加策略分析的内容，可能拿给使用部门看了之后又要加品牌、产品的内容，最后搞出一个四不像的课程。客户的要求也有道理，这些内容都很重要，你凭什么不往里加，你不加，我就去找愿意往里加的人来做。

究其原因，是客户也不知道这活该怎么干，只能不停地提出要求去试错，为了减少风险，就再去拉一些人来提供意见，如此下去，这活就没法干了。

凡是只满足要求的行为，在大客户销售当中，都是"找拍"的行为，销售应该做的是回溯需求（当然，这么做并不是因为要求不重要，也很有可能你回溯完需求之后，发现按客户的要求来做是对的，他提得很合理。在拜访中，销售人员也要有意识地探询客户的要求，这是技巧性的话题，就不在本书中讨论了）。

回溯需求的三个关键点是：为什么？谁的？是时机吗？

"为什么"指的是对方为什么会有这个要求，想要解决什么问题。通过这样的探询，往往会发现对方提出的要求不是解决问题的最佳方案，也就不用去响应。很多时候客户也不知道该怎么干，如果有人帮他厘清了问题，客户也就明确了方向，不会有那么多稀奇古怪的要求。

"谁的"指的是这个要求是谁提的，要解决的是谁的问题。销售不能笼统地说这是客户的要求，而要搞清楚具体是谁的意思。有些人的要求是算不了数的，可以不用理睬，或者说得极端一点，在搞不清楚决策人的需求之前，其他人的要求都是算不了数的。有些时候，甚至会发现这个要求是销售人员造出来的，根本找不到客户内部具体的人对此要求负责。

案例

　　有一次，我受朋友之托去他的软件公司帮他做销售项目分析。他手下的一个销售号称有一个大项目，去见了客户，客户表示建这个系统是今年的头等大事，需要技术人员加班提供详细的系统功能介绍。在接下来的十分钟里，我只追问一个问题："谁说的?"这位销售人员从一开始的活灵活现到闪烁其词，最后得出了一个结论，没有任何人明确表示这个系统很重要，也没有任何人和他讨论过这个系统可以解决什么问题，"提供详细的系统功能介绍"这个要求完全是销售人员一厢情愿，或者说，是客户为了搪塞这个销售人员提出来的。交上去了，就是给对方干掉我们的借口，随便找出哪个功能不符合要求就可以了。

"是时机吗"指的是目前是不是解决这个问题的最佳时机。时机不对，做了也白做。比方说，在客户高层动荡时期，只适合做做常规的项目，能出彩、能带来巨大收益的项目都不适合推进，因为不知道会不会得到高层支持，风险太大，就算侥幸做出了效果，也很难形成足够大的内部影响（不能表功），还不如暂缓。

通过追问这三点，销售人员才能真正回溯到客户的需求，销售工作才能有效开展。

三、需求的瀑布链

在回溯需求时，有一个重要的问题是"谁说的"。销售人员要明白自己在解决谁的问题，在组织内部，每个人的需求不是独立存在的，而是互相关联的，每一级人员的需求其实都是来源于上一级的关注点，上级觉得在哪个点有问题，下一级就会感觉到痛苦，必须做出改变。你只要找到任何一个人的问题，就可以顺着向上或者向下爬，去厘清全部的问题。解决不同的人的问题，销售人员创造的价值是不同的，获取的销售机会也不同。

现实当中，销售人员在打一个项目的初期，往往接触到的是客户的基层人员，得到的需求往往比较具体、范围小，做不成大项目或是挣不了几个钱，但是，如果能根据需求的瀑布链上溯到高层的需求，结果将会不同。

案例

罗经理是一家电信运营商的销售，当地某省局全省的内网建设是他几年前拿下的单子。去年，省局的信息科科长给他打电话，说随着业务的发展，带宽有些不够用了，内部开视频会议的时候不时出现卡顿，请他来谈谈增加带宽的事情。经过深入分析和沟通，罗经理发现局长关心的是整个信息系统的升级建设，带宽问题只是其中一个出事的小点。从这个层面下手，罗经理又斩获了一张大单，并且早早地将竞争对手都屏蔽出局。

四、通过 BVF 模型分析业务需求

一个成功的销售人员应该充分理解客户的业务，能够阐明自己的产品方案如何对客户的业务产生影响，发现客户的作业流程有哪些提高、哪些指标受到影响，并反映到相关的客户 KPI（关键绩效指标）变化。为了帮助销售人员更好地理解客户内部各层级的业务目标，并且把自己的方案和这些目标相关联，我们给出一个工具——业务价值框架（business value framework，BVF）。

如图 5 - 18 所示，BVF 包含四个层次：

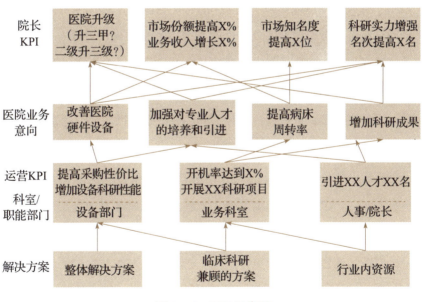

图 5 - 18　BVF 示意图

（1）高管 KPI，也就是客户方的高管有哪些目标。

解决高层的问题和解决基层的问题在竞争中占据的地位是不同的。销售人员一定要能够把自己的方案和高层的业务目标相关联。在权力者

的那部分里，我们已经充分阐述了高管希望看到哪些目标，大的方面有四个：业务（市场地位、业务开拓）、财务（降低成本、提高收益）、政治（个人声望、高层圈子）、文化（团队建设、人才发展）。销售人员要会从战略的视角来看待自己提供的方案。

（2）业务意向，即客户正在或准备开展哪些业务动作。

为了实现某个业务目标，客户可以开展多个业务动作，销售人员所争夺的项目可能只涉及其中的一部分。

（3）职能部门KPI，即参与采购的各职能部门的KPI。

业务动作需要分解到相关部门来完成，而不同部门的考核指标不一样。出于对各自考核指标的考虑，不同部门在采购中的态度和关注点可能不同。A部门赞不绝口的方案可能B部门觉得不妥。销售人员要能理解这些不同很可能并不是对方故意找碴，而只是自己没有在A部门面前展示出自己的方案是怎么帮助他们部门的KPI的。

（4）解决方案，即销售提供什么样的方案来帮助各部门达到指标。

借助BVF，销售人员可以完成以下几个方面的工作：

①理解。销售人员可以系统分析客户高层和管理团队的动力、战略、投资意向，以及希望提高的业务流程。在面向客户中低层人员提出的具体要求时，销售人员可以更好地理解这些要求背后的原因。

②匹配。销售人员可以更好地让自己的解决方案与客户的业务战略方向相匹配。一方面，可以更好地吸引客户的关注；另一方面，也为销售人员在销售目标的排序和取舍上提供了依据。

③沟通。销售人员可以针对不同层面管理人员的兴趣和关注点调整沟通内容。

④发现。销售人员可以发现除了目前接触的人员，还有哪些部门可

能对这个采购项目有兴趣和影响力，从而扩大自己的接触范围，增加销售路径。

从接触客户开始，销售人员就应该着手进行 BVF 的绘制，随着联系的逐步深入，不断修改 BVF。在正式的方案提交之前，销售人员需要能够勾勒出完整的 BVF，才能保证方案是与对方的关注点相贴合的。这对销售人员提出了两个要求：一是战略思考的能力。销售人员需要像客户的高管一样思考，需要了解客户的行业状况、客户企业的中长期发展目标、高管的个人愿景。二是需要在客户内部发展足够多的支持者，从中搜集信息并印证自己对客户的判断是否正确。

▨ 案例

图 5-18 就是一家医院的 BVF，我们以之为例，来介绍 BVF 的使用。

X 医院是中部地区某省会城市的三甲医院，院长年富力强。其上任之后，医院发展很快。2013 年，医院的新院区建成使用，预计 2014 年门诊量很快会达到 150 万人次。医院的 3 年规划是增加床位到 4 000 张，年门诊量达 250 万人次，年手术 4 万台次。X 医院的定位是学科设置齐全，专科实力强大。院里希望心血管外科在 2 年内申请国家临床重点专科。作为科研教学基地，医院设有 2 个一级学科博士点，1 个一级学科硕士点，但院里还希望尽快吸引博士后及博导人才，加速人才引进和梯队建设，增加区域内科研影响力，同时还能扩大市场影响。现在，X 医院准备采购一批新设备。

根据这些信息，销售人员分析得出医院高管 KPI 集中在三个方面：提高业务收入、医院规模和科研能力。为了实现这些目标，医院需要改造硬件，吸引人才和增加病人流量。而要落实这些业务意向，设备部门和临床科室需要采购合适的新设备，提高科研能力，利用新设备多出科研成果，并且提高设备的使用效率。对于销售人员来说，则可以通过提供整体解决方案、全流程控制方案、人才共建等一揽子产品和服务，帮助设备部门和临床科室完成这些目标。

通过上述一番分析，销售人员就制作出了业务价值框架，并在呈现方案时利用这个框架针对中层和高层人员的不同关注点强调不同的方案内容。例如，在面向院长时，可以先谈医疗行业的发展趋势、谈本区域内医院的水准和名声，再谈使用了自己的产品将如何帮助医院保持在本区域的领先地位、如何通过到全国范围内的著名医院考察和交流扩大医院的影响力。在面向临床科室的负责人时，可以谈使用自己的产品是如何帮助临床提高科研能力、多出科研成果的，也可以谈设备增加之后是如何提高门诊量的、如何安排其他著名医院的考察和专家交流。当然，如果能谈到自己的方案是如何满足院长的要求的，往往会对中层科室的负责人起到更好的推动作用。

「进攻权力者」

通过五维决策地图和圈子地图，销售人员对"人"有了充分的了解，通过 BVF，销售人员对"事"有了充分的了解。之后，一个重要的工作该提上日程了：搞定权力者。

在过往的培训中，当我们问销售人员："你们去见客户的领导（权力者）吗?"，有相当比例的人会回答不去，原因主要有以下几类：

1. 不用见

"我接触到的××说这事就是他说了算，不用见领导"。

在大客户销售中，明确表态这事自己说了算的，基本都说了不算。真正有权决定这个采购项目的，通常不会跳出来直面供应商，把所有的事都揽在自己身上。说了不算的人跳出来说自己说了算，往往有以下几种原因：

第一种，他真以为自己说了算。这种情况下，自认为说了算的人是有建议权的，也可以做出一定范围的筛选，甚至有可能是得到了一定程度的授权，所以错误地认为这事自己说了算。可是，这件事的最终决定权仍然在高层决策者手中，哪怕手下只推荐了唯一的备选供应商，决策者还是有权决定"不买"。

第二种，销售人员忽视了他的要求，所以他跳出来告诉销售人员这事他说了算，可能还会设个套让销售人员吃点苦头以换取销售人员对他的顺从。

第三种，他知道自己说了不算，但是还没有完全信任销售人员，没打算把销售人员向自己的老板引荐，但又要有理由拖住销售人员，所以就表示自己说了算，不用再向上汇报了。

不需要再列举下去了，总之一句话，销售人员错误地相信了这个自称自己说了算的人（也有可能并不相信，但是没办法突破，就自欺欺人地相信了），没能突破到决策者。

2. 见不着

"想见，可是见不着"。

如何见到客户高层，常见的有这么几种方法：一是陌拜，包括电话、信函、直接上门、堵门等等；二是通过外围的关系圈引荐；三是客户内部人员引荐。虽然流传出来的销售传奇故事大多是关于前两类的，但最有效的方式是第三种（即便是使用前两种方式，在见到决策者时，也需要有足够的准备才能取得对方的认可，这同样需要在客户内部发展出足够的支持者，获得足够的信息）。

可是，销售人员会遇到一个障碍，即接触到的人不愿意向上引荐。我们来看看不愿意引荐的原因：

（1）不认为你能帮他解决问题。有可能是对方根本没问题要解决，也有可能是销售人员根本没有关注到对方的问题，只强调自己的产品能够解决的问题。

（2）感觉不到销售人员的价值。即使把你带到领导那里去，你人微言轻，他也不知道你在领导那里能帮自己做什么（比如帮他协调资源、树立形象、表扬他的工作等等）。有些人会因为你的公司品牌和成功案例而对你感兴趣，但接触下来发现你水平太差，把你带到领导那里去十有八九会丢自己的脸，领导会骂他办事不力（这种情况下，对方往往会要求销售人员带技术专家或是销售人员的上级领导去拜访）。

（3）根本没打算选你。能引荐供应商的次数是有限的，总不至于把找上门来的供应商都引荐一遍吧，所以，不打算选的供应商，就不麻烦领导了。

再来看看愿意引荐的原因：

（1）双方有共同利益。也就是说，在这个项目里，你清楚他的需求，双方有共同目标，你赢下这个项目能帮助他实现他的个人目标，所以他愿意帮你。

（2）需要你帮他在领导面前说话。需要销售人员去说的话，有可能是为了帮助他协调资源，有可能是在领导面前替他表忠心，有可能是提前预示风险减轻他的责任。总之，有些话自己去跟领导说可能不太好开口，需要销售人员从第三方的角度去说。

（3）问题超出了他能解决的范围。当他发现这个项目超越了个人的职权范围时，会愿意带销售人员去见更上一级的领导。

总结一下，如果销售人员找不到内部人员向上引荐，那么大都是在找"不满者"这个阶段出了问题，要么是没找到够分量的"不满者"，要么是没有和"不满者"形成同盟，人家不搭理你。

3. 不配见

"见客户的高层要讲究级别对等，只有我们的老板去了才有可能见得到客户的老板"。

身在国企且以国企为主要客户群的销售队伍，给出这种回答的比例更高一些。顺着这个回答再问下去，"如果给你的名片上印上销售总监的头衔，或者干脆点就任命你为销售总监了，是不是就可以去见了？"得到的回答仍然是否定的。同样的问题，我们也问过一些销售经理和总监，其中一家国有大行的支行行长的回答很有代表性："是有级别对等的问题，但是更多的原因是我的客户经理没办法跟客户的高管对话，只能每次都让我去。"

说得直接一点，就是销售人员无法创造出足以引起客户决策者关注的价值，只能借用自己老板的地位。

4. 不敢见

"见了不知道说什么"，给出这个理由的销售人员比较诚实地说出了自己的烦恼。

通常情况下，客户的高层无论是年龄、阅历，还是社会地位都会高于一线销售人员，面对他们，销售人员觉得有压力。一开始交谈，更是觉得无论是聊工作还是聊生活，双方都完全不在一个层面上，客户高管讲的很多东西销售人员都觉得太"高大上"，和自己的产品、方案完全没有关系，根本不知道该怎么接话。

从以上的反馈来看，见权力者是一个难度很高的活，约见难，见面以后如何取得权力者的支持也难，很多销售人员的行事遵循的是"从易原则"（即做那些看起来简单的事情），所以会忽略掉权力者，只跟中基层人员打得火热，希望借此来赢单。可是，取得权力者的支持，在销售中有很多重要意义：

（1）权力者才是可以最终拍板的人，可以完全否决你（或者你的竞争对手）之前做的所有工作。

\\\\ 案例

何经理刚刚输掉了虹天公司的一张单子。这个项目没有走严格的招标流程，而是请了三家供应商来做方案展示和报价，由评委会当场评议决定最后的赢家。评委会的七个评委何经理都有接触，并且成功地做通了其中四个人的工作，其余的三个人，除了有一个人怎么也做不通工作外，另外两个多半会保持中立。事先，何经理也拿到了评分规则。方案宣讲的当天共有三家供应商参与，何经理排在第三个，在进入会议室之前，他已经得到了前两家的最终报价。看起来一切都正常，唯一不正常的是一直没有接触过的虹天公司的董事长兼总经理李总前一天突然决定参加本次评审，并且没有表明过态度。

最终，何经理输掉了这一单，内线透露，当三家都宣讲结束后，李总表示，计算分数不能明确体现各位评委的倾向性，有可能得到多数人支持的公司最后在小分上还落后，这不公平，因此他建议用举手表决的方式来投票。并且，率先为 A 公司（何经理的竞争对手）举了手，结果也就不言而喻了。

这个案例在第二章就出现过，虽然如此极端的例子并不多见，但是在最后阶段由于高层参与使得项目发生根本性变化的事件屡见不鲜。有没有权力者的支持，一张单子的赢率会有巨大的不同。

（2）取得权力者的支持，才有可能把项目做大。有些销售在提到不见客户高层的理由时，会提到自己做的生意不大，根本就不需要麻烦客户的高层。

其实，生意大小取决于销售人员解决的是谁的问题。解决基层人员的操作问题和解决高层人员的业务问题，价值是完全不同的（产品和方案可能差异并不大）。很多时候，基层人员限于眼界和权限，只能在自己的预算范围内花钱，解决眼前的问题，只有惊动了高层，才有可能取得更多的预算甚至突破预算，把一个小的项目做大。反过来，如果一个销售把买卖做到客户的高管都没有兴趣知道的份上，离出局也就不远了，被其他供应商替换是一件很容易的事。

（3）与权力者的接触，可以加速业务的进展。取得权力者的支持，可以对采购组织中的其他人（特别是对那些有着强烈归属需求的人）形成暗示，加速业务发展。即便权力者并没有表现出支持，也会推进业务的进展。当权力者出面了，具体的负责人对于项目就需要尽快有一个明确的说法了。

说了这么多，就是两个结论：第一，权力者非见不可，权力的作用往往超乎想象，见不着权力者，拿单的概率很低；第二，权力者不好见，需要谋定而后动。

权力者通常具备的两个特点是：

1. 忙

权力者都很忙（不忙也会装出很忙的样子），时间精力有限，销售人员眼里的大项目在权力者看来很有可能只是他诸多工作中的一项。因此，即使有不满者的引荐，销售人员能和权力者见面的次数和时间也是有限的，一击不中，就没有下一次机会了。

2. 目标导向

这意味着权力者通常不在乎细节，而在乎最终结果和收益。大客户销售领域里流传着一个段子，说的是一家公司的销售人员在向客户展示他们的管理系统时，遭到了 IT 经理的无情嘲笑，就在 IT 经理洋洋洒洒大谈系统的技术落后、数据库架构差之时，这家公司的首席执行官（CEO）发言说："如果这个系统真的能像他们说的那样给我们带来这么大的收益，我不在乎系统的技术和架构，我完全能承担得起重建一套管理系统，甚至我能承担得起新设一个 IT 部。"

这两个特点决定了销售人员见权力者的沟通要点。

1. 见权力者之前要做充分的准备

在没有充分准备的情况下就和客户决策层会面是非常危险的。必须要对客户/项目所涉及的人和事有充分的分析和了解，能够很清楚地"击中"高层需求，定义你提供方案的价值，才能与高层接触。

见权力者之前的准备包括以下几个方面：

（1）客户公司的基础信息。见到权力者不可以再问基础信息了，问这些问题等于向权力者表示你没有做过任何准备，属于"找拍"的行为。销售人员需要做的是，通过前期对基础信息的汇总分析，一开口就让权力者觉得销售人员对他们已经有了足够的了解。

这里需要补充说明一点，你需要对客户的情况足够了解，但不要指望权力者对你的公司情况甚至是项目情况足够了解，可能有一些事情和工作是他不知道的，你需要在会面中说清楚。

（2）客户公司战略。这个问题可能涉及两个方面，一个方面是行业趋势、产业政策等宏观形势的影响，需要销售人员对客户所在的行业有一定的研究，如果没有，就要求助于公司内部这方面的专家或是销售支持人员；另一个方面是客户公司自己明确的战略，除了从支持者那里探听消息之外，还需要关注领导讲话、公告、发展规划报告等，从里面找权力者的关注点。

（3）同行业案例。指的是你的客户中与当前客户在同一个行业，并且做得比较成功的客户。案例要着重描述样板客户是怎么做的，以及取得了什么效益。如果销售人员没有类似的客户，就研究公司里其他销售的案例。

（4）权力者的"痛"和"梦"。也就是这位老大现在被什么问题所困扰，他想要获得什么目标。

（5）方案。你打算做什么来帮助他解决"痛"，实现"梦"。

2. 见到权力者谈什么

技术细节肯定是不能谈的，权力者通常不关注技术细节（也很有可能不懂技术），谈这个最好的结果是被权力者打发到相关部门去；对公司和个人的仰慕之情和美好愿望什么的也别谈，那是已经确定合作了之后，两家公司领导坐在一起走过场说的话。可以聊的话题有：

（1）价值。也就是做这个项目有什么好处，这些好处包括业务（收入、利润）增长、新市场的开拓、成本的降低、人员的培养等等。如果可以量化更好，领导需要看到具体的数字和证据。

（2）愿景。也就是做这个项目对客户中长期有什么帮助，如何符合客户的战略目标。

（3）差异性。销售人员需要体现自己和竞争对手的不同，以促使权力者做出决策。不过谈差异性时要注意两点：一是这种差异性一定要对他有意义，要能和权力者的需求建立联系，所以，这些差异通常都不是产品的特性带来的；二是在这个方面你要比竞争对手做得好。

（4）标杆。之前准备的案例就是树标杆用的，权力者通常都会关心行业里的龙头企业是怎么做的（要么是他的学习对象，要么是他的主要竞争对手），树标杆是让销售人员从一个外部专家的角度来给权力者一些建议，激起他的兴趣。

3. 见权力者需要避免的错误

（1）没有内部支持的声音。虽然在项目中，并非人多力量大，但是如果有决策层或同一阵营的执行层核心人物支持你，并且不断为你上下斡旋，和你孤军奋战相比，显而易见要容易得多。

（2）找错权力者。客户中可能存在多位高层，谁才是政治阵营中的优胜方，你的判断很重要。如果在政治阵营中落败的一方身上花工夫，就不仅是事倍功半，还有可能适得其反。

至此，挖掘需求阶段的主要动作阐述完毕，这个阶段也是销售流程中最重要的阶段，如果在这个阶段销售人员建立起自己的销售路径，并且有效地引导了需求、确立了方案，后续的工作就要轻松很多。

「案例练习」

四、挖掘需求（一）：找到不满者

你对医院展开了多轮拜访，反馈如下：

1. 放射科主任 D

你再次拜访了放射科主任 D，他热情地接待了你。你向他请教接下来的考察应该安排什么样的医院，怎么突出 64 排 CT 的优势。以这个话题为由头，你很自然地了解到 D 主任想要开展的一些课题。D 主任表示，开展这些研究也是 A 副院长的想法。课题里有跟心内科相关的，你顺势问 D 主任为什么 F 处长想要找一家心内科比较强的医院去考察，D 主任说应该是 G 院长的意思，G 院长想要进一步做强心内科，你承诺一定会尽力帮忙，并且向 D 主任列举了几家大医院用你们的 64 排 CT 开展科研工作的案例。D 主任感叹，在技术上，你们确实是比 Y 公司要强啊，可是你们之前的那个销售都没怎么聊这些，你可要尽心啊。

你问 D 主任，之前的采购都是设备科科长 E 和医技部主任 C 经办的，这次他们还参加考察吗？D 主任表示这次从流程上看他们应该也会参加，不过他们都听 H 书记的。你替 D 主任抱不平，这些人只知道按领导的意见来，反正东西不好用也是 D 主任的麻烦，不过 A 副院长也是业务专家啊，他不知道 Y 公司不行吗？D 主任说，当时 Y 公司承诺得也很好嘛，而且有 H 书记支持，我们也就不好多说了，这一次，可不能再这样了。

你表示一年前 Y 公司的双排进来你知道是 H 书记的意思，并追问半年前超声进来是不是 H 书记定的？D 主任表示，那倒不是，这事他听 A 副院长说过，应该是上级的某位领导向 G 院长打了个招呼。

你问 D 主任是不是能引见一下 A 副院长，D 主任表示，应该没问题，看机会吧。

2. 医技部主任 C

C 主任表示欢迎你再来参与，目前来看，医院比较希望采购 16 排的。他也跟你聊了聊对 16 排的一些要求。你表示，从医院的业务发展来看，是不是 64 排的更合适？C 主任说，谁说不是呢，可是现在经费比较紧张，买这么贵的不合适，而且买 16 排的，两年内肯定是够用了。

3. 设备科科长 E

E 科长热情地接待了你，表示欢迎你参与。不过，设备科最关心的就两件事，一个是价格，另一个是维修，产品性能有临床把关就行了。

4. 采购处处长 F

F 处长和你见了面。你表示，为了更好地选一家医院请 F 处长去考察，你也去问了一些临床的需求。听医技部 C 主任的意思，医院决定了要买 16 排，而且设备科 E 科长也说价格最重要。可是，你有些困惑，这个想法和上次 F 处长提到的 G 院长的指示好像不是一回事。F 处长笑了笑，谁说一定要买 16 排啊，我们现在也是都在看啊，最终买什么，还得院领导定，你还是按我们上次说的那样去准备考察吧。F 处长还说，CT 买回来 C 主任又不会去用，临床那边你还是应该和放射科多聊聊。

　　谈完了这个项目，F 处长还跟你聊了聊医疗设备全生命周期管理的话题。你表达了对 F 处长的专业性的敬佩，并询问他为什么对这个话题这么感兴趣。F 处长说，明年医院要升三级，通过三级初评，后面还要过终评，未来这两三年要买的东西多着呢，采购处也不能只是花钱啊，得从设备怎么用好的角度来选择供应商，全院的设备和耗材的管理应该上一个台阶，比如，就 CT 来说，希望开机率和优片率要达到 95％ 以上。设备的全生命周期管理是个重要的课题，看看在这个方面有没有什么经验。

　　练习：

　　1. 谁是不满者？

　　2. 你跟不满者达成同盟了吗？

五、挖掘需求（二）：找到权力者

　　（1）你再次拜访了放射科 D 主任。

　　你和公司市场部、医学部的同事商量之后，提供了一份如何用 64 排 CT 开展临床和科研的计划给 D 主任，D 主任拿到手之后非常高兴。D 主任表示，A 副院长也对心内科的发展很重视，但是，现在 S 医院没有 64 排 CT，有一些检查做不了，就有不少本地病人去省城医院了，你们给的这份计划，A 副院长肯定也会喜欢。

　　现在你和 D 主任说话已经直接了很多，你把见其他人的情况也跟 D 主任说了说。你表示，F 处长提出过让你来找 D 主任谈需求，是不是 F 跟 D 主任关系不错。D 主任说，都是一家医院的，关系过得去，不过最近好像 F 处长确实挺热情的。F 处长是 G 院长的人，他的意思应该也是 G 院长的意思。

你问当年 A 副院长上任是 H 书记的意思还是 G 院长的意思，D 主任告诉你说都不是，当时 H 书记退下来了，G 院长刚到，A 副院长完全是因为自身的条件不错，再加上有个上级部门的副主任赏识他才提上来的，不过 G 院长应该是赞成的。

现在，A 副院长和 G 院长走得还是比较近的，和 H 书记关系一般。H 书记人虽然退下去了，工作习惯还没改，还想管那么多事，G 院长当然不太高兴。

（2）你再次拜访了采购处 F 处长。

在 D 主任的帮忙下，你把 F 处长约出来，三个人一起坐了坐。你给了 F 处长两份资料，一份资料仔细地对比了 64 排和 16 排设备，F 处长看后表示 64 排确实不错，虽然医院经费有些紧张，但钱还是要花在刀刃上，毕竟医院的收入不错，当地政府也大力支持，钱不是最大的问题。另一份资料是关于 F 处长上次提到的医疗设备全生命周期管理的，你表示，公司对这方面有专门的研究，这一次时间有些仓促，你只来得及整理了一些前沿的信息给他，以后可以安排公司的专家来跟他做深入交流，如果 G 院长对这个话题也感兴趣的话，可以安排 G 院长一起参加，或者邀请 G 院长和 F 处长一起参加专门的研讨会。F 处长向你表示感谢，你表示这也是你一直想做的事，以前设备科只关注价格和用哪家经销商，谈得很郁闷，现在终于可以和 F 处长谈怎么管理设备、怎么发展医院了，求之不得啊。

F 处长很满意，请你准备一份材料给他，好向 G 院长汇报，他希望你能从这两个方面去谈：一是 64 排设备和 16 排设备相比，能在哪些病种的诊疗上有不同，能给哪些科室特别是 S 医院的强势科室提供哪些帮助，院长可是希望两年内能把心内科和妇产科做成省重点特色专科的；

二是你们公司可以提供的服务，设备维修什么的就不要跟院长谈了，主要是汇报学术支持，怎么扩大医院的影响力，怎么帮我们送一些人才去一流医院培训学习。

同时，他也提醒你和 D 主任，也该向 A 副院长汇报一次了，毕竟，G 院长和 A 副院长要统一意见，不能让人钻空子。

（3）在 D 主任的安排下，很快你就去拜访了 A 副院长。

A 副院长和你见了面，他表示 D 主任已经跟他汇报过了一些情况，从一开始他就打算买 64 排的。但是，64 排 CT 不只你一家有，其他几家公司的产品也是很有竞争力的。对他来说，最看重的一是临床，特别是心内科，要能把本区域甚至周边区域的患者吸引过来，不用去省城；二是科研，要能出成绩，怎么着也要让 D 主任的名气从全省走向全国嘛。D 主任笑着说不敢当，学术带头人还是 A 副院长，要走向全国也是在 A 副院长的带领下走出去的。

你频频点头，拿出准备好的医院案例，邀请 A 副院长去考察。A 副院长表示他会让 D 主任去和 F 处长商量安排，考察的事情是 F 处长统一组织的。A 副院长叫你们认真准备，不要光说得好听，一考察就被别人比下去了。

（4）F 处长按你的建议制定了考察方案，你以邀请考察为由见了 G 院长。

你按照 F 处长的建议提交了初步方案，重点放在了和医院的合作发展上，F 处长对这份方案比较满意。安排你见了 G 院长一面。G 院长表示，基本情况 F 处长已经汇报过了，他觉得你们的提议还是不错的，对 S 医院的下一步发展也是有理解的，这次的项目只是开始，希望你们说得好更要做得好。考察他是会去的，但是他希望看的不是机器的使用和成像效果，那是放射科该去关心的事，他希望能看一看在引入新设备之后在科研、临床诊疗、队伍建设方面还能做些什么。

出门以后，F处长表示，你还是要准备得充分些，毕竟考察去的人多，不要出问题让人挑毛病。

（5）你和F处长通过气之后，以邀请考察的名义分别去约见B副院长和H书记。

在B副院长的办公室里坐了几分钟，他态度还不错，表示这次他还有别的事情要忙，考察就不去了。

H书记正要去市里参加一个党建的会议，打了个照面，他表示，考察的事他已经知道了，他会去的，但主要还是要尊重一线的意见。

练习：

1. 权力者是谁？

2. 权力者支持我们吗？

六、挖掘需求（三）：需求分析

在D主任和F处长的配合下，你组织S医院的一行人到省人民医院考察，果然，除了B副院长之外，其余的人都参加了。

这次考察安排得不错，D主任、F处长、G院长、A副院长都明确表示了满意，C主任对你的态度也好了不少，表示回去也会支持64排设备。H书记和E科长在考察期间的交流很少。

此后，你了解到在医院的内部会议上，D主任提出此次一定要买64排的，H书记提议从成本的角度出发应该买16排，最后还是决定买64排。

随后，E科长提议，这次考察X公司提供的是64排，Y公司和Z

公司提供的都是 16 排，现在既然定了要买 64 排，是不是也应该让 Y 公司和 Z 公司都提供 64 排再去看看，这样才公平嘛。A 副院长表示现在工作很忙，短时间内再组织考察不太容易，而且时间不等人，先招标吧，请 Y 公司和 Z 公司都来参加投标。后面如果时间排得开，再去考察也可以嘛。F 处长马上响应，表示一到两周就可以发起招标了，而且确实是需要尽快开展招标工作。

最后，G 院长和 H 书记都表了态。招标工作即将展开。H 书记提出，这次项目的金额大，招标小组要包含纪委的同志，监督整个招标过程，保证透明和公平。

D 主任和 F 处长跟你详细沟通了会议的情况。此次招标，还是由 F 处长负责。F 处长表示，看 H 书记的意思，后面还有的"掐"呢，你们要做好准备，可别掉链子让院长难做啊。不过，也有两个好消息：一是这次 Z 公司还是找了上次的领导给 G 院长打招呼，不过领导已经被 G 院长搞定了，表示用谁尊重医院的选择；二是 C 主任的态度好像有些变化，在讨论当中不怎么替 Y 公司说话了，如果真是这样的话，在后面定招标参数时会少一些阻力。我问 H 书记是不是有很强的上层关系，否则退都退了还"掐"什么啊。F 处长说，那倒没有，H 书记的关系肯定是比不上 G 院长的，明摆着医院会是 G 院长的天下，现在很多事都是 G 院长说了算。H 书记这是想不明白，反正年龄到了，日子可以过得很逍遥，有什么好折腾的。

你和 D 主任、F 处长商量如何设计给医院的方案，F 处长表示，这次考察，院长对你的安排还是满意的，对于医院使用多排 CT 如何开展科研、开展临床的新术式、队伍建设等等都和标杆医院的人员做了座谈。不过，院长也说了，考察的时间有限，有很多东西还是没聊透，需要你再好好规划一下。而且，不是所有的工作都能一次性地开展，要根据 S 医院的实际情况来规划后续的工作。

你们讨论下来，有以下问题要在方案中体现：

1. 升三级这事，院长是在市里的分管领导那里立了军令状的。为了配合医院升三级，在放射科可以开展哪些合作？

2. 如何进一步提高医院的影响力，吸引本市和相邻市县的患者前来就医？

3. 如何提高医院的收入，可以开展哪些新检查，采用哪些新术式？

4. 科研和队伍建设，可以帮助医院开展哪些科研项目？

5. 售后服务怎么保证机器的开机率和优片率？

练习：

1. 绘制本案例的五维地图、圈子地图和 BVF 模型。

2. 确定主攻方向及进攻手段。

第六章

方案评估阶段的销售策略

「树立标准」

一、什么是标准

采购标准是客户的组织用于评估供应商的指标，通过这个标准去选择供应商才可以保证程序上是合法合规的。标准是得到决策结构当中各方人员同意的，这里说的是同意，未必是各方都支持，不支持的一方没有强有力的理由来推翻这个标准，也只能同意。

对于一个组织而言，按照标准来评选供应商往往是被制度所规定的，这个环节不可改变。无论销售已经取得了多大的支持，这个流程依然必不可少。对于销售方来说，树立对自己有利的标准是拿单的必经之路，它可以减少我方支持者的压力，在确保流程规范的前提下，PK 掉竞争对手，在绝大多数情况之下，标准之争是难以避免的。

在这个阶段，客户通常有这么几个动作：

（1）建立标准：客户认为这次采购有几项因素很重要，而且这几项因素的建立有助于帮他识别供应商之间的不同。比如，客户选择了稳定性、质量、兼容性、价格、售后服务等几个因素作为评估供应商的依据。

（2）给标准分配权重：客户根据自己的需求来确定这几项因素孰重

轻，并强制排序。比如，客户把质量和稳定性排在前两位，把价格排在最后一位。

如果以招标来举例，（1）、（2）两个步骤就是形成招标评分表的过程。

（3）根据标准评估供应商：客户按照标准给各家供应商打分，评出最终入选的供应商。

销售在这个阶段需要敏锐地去感知客户的倾向性，同时要主动发现客户判断的标准是什么，如果没有，就应该利用在需求挖掘阶段建立的对客户需求的理解，建立对自己有利的标准，如果业已存在，就应该去主动影响标准。

二、标准之争的三种情况

我们请读者先来看几个场景：

A 场景，你已经和客户的权力者达成一致，按照流程要求接下来要招标了。你的竞争对手放出话来要殊死一搏，为了不让他低价冲标，你准备怎么做？

B 场景，客户已经完成了对你和竞品的考察，可是他觉得你和竞品的方案各有所长，而且这两个方案又很难融合。客户有些为难，你怎么办？

C 场景，你从接触客户开始就觉得很别扭，客户的会面目的性很强，根本不让你展开阐述，而是拿着一堆条件来问你能满足吗，能，就往下谈；不能，就让你们回去想想能还是不能。

这三个场景就是标准之争的三种情况：

A 场景是第一种情况：胜利在望。你的支持者在内部获得了话语权，或者说最高决策者是支持你的，已经基本决定要选你了，但是他需要走完流程。你已经成功树立标准的情况无须讨论，如果标准尚未树立，有三种可能：第一种是还没树立标准，或者说招标规则还没定；第二种是支持你的那一方已经树立了标准，只是这个标准还不是很精准，不能确保你在竞争中获胜，或者很容易被对手质疑，这两种情况下你都要和支持者多沟通，尽快制定标准，以免阴沟翻船；第三种叫按惯例已经有标准，或者已经由不支持你的一方树立了标准，也就是你虽然获得了最高决策者的支持，但是不支持你的那一方负责招标的具体操作，把标准先树立起来了，此时一定不能掉以轻心，要把标准改回来。

B 场景是第二种情况：任重道远。客户对你和竞品没有倾向，你的支持者和竞品的支持者谁都没有办法压倒对方。同样是三种情况，一是客户尚未树立标准；二是客户已经有了自有标准，对双方无倾向；三是客户已经在竞品的影响下树立了标准，这个标准对竞品有利，但是你尚有一战之力。应对方式与 A 场景类似，没有标准要抢先树立，有了标准但是不合适要修改标准。

C 场景是第三种情况：绝处逢生。与 A 场景相反，竞品已经获得了最高决策者的支持，在客户内部拥有了话语权，客户需要走完流程来选择竞品。此时往往客户已经联手竞品树立了标准，而且这个标准对你是不利的，按照这个标准来看，基本上你就没戏了，得想办法改标准。如果运气好竞品由于疏忽还没有树立标准，你有可能通过实际掌控招标流程的中层"偷袭"成功，但这只是小概率事件，只要竞品取得了权力者的支持，就算是你一时"得逞"，竞品还是可以把规则改回去。

三、如何判断客户是否已有采购标准

在树立标准这个阶段，不同的供应商已经分出了高下，那些抢先开发需求并树立标准的供应商将成为首选。

如果你已经跟着客户走过了可研、申请预算等阶段，判断客户是否已有采购标准就不是个问题。

假设你是在客户立项之后才参与，可以通过以下几个方面来判断：

1. 客户是否清楚下一步工作

如果客户只是立了项，但对于买什么还有很多疑问，自己也不太清楚需要什么样的供应商，对下一步的采购工作如何推进也没有什么概念，基本上此时还没有树立标准。反之，如果客户可以做出明确的安排，你完全在他的指挥棒下打转，那么，估计客户已经把这事分析得差不多了，已经有了选择标准了。

2. 客户跟你讨论的问题范围宽还是窄

如果客户跟你讨论的问题很宽泛，愿意和你讨论和产品有关的各个方面，而且愿意跟你谈论他的目标和需求，多半是还没有树立标准。如果上来就找你验证某个具体的问题比如某项指标、价格、供货期什么的，通常表示客户已经有标准了，正拿着这个标准筛选供应商呢。

3. 直接问你的支持者

这是最干净利索的方式，毕竟选择标准是要在内部公开和得到确认的，直接问你的支持者，就可以知道客户内部是否已有选择标准。

案例

销售小李是某家电企业的销售，正在跟进一个房地产商的集采项目。在销售例会上，他表示，这一次招标有五家供应商参与，选择两家进入短名单，入供应商库，自己的客户关系没问题，已经获得了招采部门的支持。目前，客户对五家供应商都指定了型号进行询价，同时要求设备中的某个零件必须是进口的。他询问技术人员，这个零件是进口的吗？技术人员表示不是，但是可以改用进口零件重新组装。

小李的这个行为是错误的，很明显客户已经树立了标准，而且这个标准对己方是不利的。销售人员该干的事情，不是迎合，而是要想办法改变。类似的错误很多销售人员都会犯，在客户提出明确的标准时，他们首先想的是怎么去满足这些标准而不是改变，但是，如果游戏规则是别人划定的，你输的概率会很大。

四、树立标准

如果客户还没有明确的筛选标准，那么销售人员要做的是通过自己的支持者，尽快树立标准。如果按照你树立的标准竞争，大多数情况下，竞争对手肯定竞争不过你。

一个好的标准要满足以下三个条件：

一是要能与竞争对手相区隔。树立标准的目的就是把竞争对手挡在门外，减少后续的竞争压力。树立的标准要么竞争对手不具备或明显偏弱；要么为了达到这个标准，竞争对手要付出额外的努力从而在其他方面呈现劣势（比如，为了达到某项技术指标而大大拉高成本，从而在商务上失掉很多分）。

二是要把软性差异化指标与硬性差异化指标相结合。所谓硬性差异化指标，是指能够被客户客观测量的差异化指标（可量化指标），如：

价格、设备参数、成像质量、供货时间等。软性差异化指标是指只能主观判断，不能被客观测量的差异化指标（不可量化指标），如品质、信誉、服务标准、道德规范等。如果评委是受你控制的，可以加大软性差异化指标的权重。

三是标准要与 BVF 相关联。你的优势要能给客户带来价值，否则没有意义。

如果我们把标准这个词的范围扩得更广一些，除了具体的资质、指标、参数等，树立标准还包括对流程和评委的控制。比如，通过邀请招标的方式，让主要竞争对手无法参加招标；设置分阶段的甄选方式让竞争对手的支持者失去话语权；在内部议标时选择对我方更有倾向性的评委，让我们的支持者在招标现场作为业主代表出现；等等。

五、改变标准

如果客户已经有了采购标准，销售人员要做的事情是改变采购标准。通常情况下，这些标准对你是不利的，在这些标准下无法建立竞争优势。就算能做到和竞争对手一样好，由于先入为主的观念，客户仍然会倾向于竞争对手。当然，如果在标准的 PK 上处于落后局面，有时候凭借一些非常手段（例如申请资源以满足标准、放出极低的价格等等），我们也有可能拿下这一单，但是利润率和客户健康度将惨不忍睹。在落后状态下只有影响标准，才能扳回局面。

想要改变标准，最佳的选择是把需求确认阶段的工作给补上，一方面从决策结构入手看是谁在帮对手，我们能靠谁去翻盘，另一方面从业务需求入手搞清楚客户的目标以及为什么要树立这样的标准，然后从需求下手试图重建标准。很多有经验的销售在突然接到招标邀请或是客户询价时，哪怕客户已经发过来很明确的要求，也往往会要求先见面做一轮调研，就是为了去建立关系和引导需求，以改掉对我方不利的标准，如果客户能接受并安排调研，还有翻盘的可能。

　　要做到这一点，销售需要熟悉客户的业务和产品的使用场景，举个日常生活中的例子来说明什么叫"攻需求不攻标准"。

案例

　　我的第一部数码相机是柯达的，当时数码相机的技术还比较基础，我买的柯达相机的像素只有300万。

　　当我走到柜台前看相机时，我说的第一句话是："这个相机的像素比较低啊。"销售人员拿起了两张同样大小的照片，问我："您拍完了照片洗出来基本上是这么大吗？"我回答："是的。"销售人员继续说："这两张照片，一张是300万像素的，一张是500万像素的，您看看是不是差不多？"确实，两张照片我看不出明显的差异。销售人员接着说："如果把照片放大到婚纱照那么大，300万像素和500万像素是有差别的，可是，真要拍那么大的照片，您通常要请人来拍，不会用自己的相机了吧？"

　　当时，我抱着一岁多的女儿，销售人员接着说："用数码相机给小朋友拍照，要抓拍才能拍到最好的时候。所以，如果不是专业人士，相机是不是有防抖功能很重要？如果没有，很容易拍模糊。"

　　最后，我买了他的产品，因为他成功地找到了我的需求，把我的决策标准改了。

　　对现有标准进行攻击有四种手法：

第一种是反客为主，即强调某一个原先排序较为靠后但我们占有优势的标准，用以取代原标准。如果用招标举例，就是在设计各指标项的权重时，让我们的优势项占更高的分值。比如，一线进口品牌的价格高，通常会强调能提供的增值服务，强调自身品质的稳定性，而国产品牌就会强调自身的价格、货期等等。

第二种是偷梁换柱，即对标准进行重新定义。当客户提出某一个标准时，他对这个标准的理解是可以变更的。例如，当客户谈到成本时，也许我们的设备价格高于竞争对手，但是后续使用的成本低于竞争对手。我们就需要提醒客户考虑的成本应该包括设备的采购成本和后续使用成本。比如，某进口医疗耗材的产品比国产竞品的价格要高很多，市场部门就为一线客户经理提供了测算工具，从样本不合格率、对配套设备的损耗等方面，综合计算使用成本，从而改变自己在价格方面的劣势。

在招标当中，偷梁换柱的手法往往体现在设计更细的评分细则。比如，对手的成功案例数是 8 个而我们只有 5 个，而这一项的满分为 5 分，如果我们设计成 1 个案例 1 分，满分 5 分，那我们和对手的差距在分值上就抹平了。

第三种是鱼和熊掌，即如果满足客户的关键决策标准，那么客户需要在另外一个重要方面做出让步或者牺牲。通过强调客户为了坚持某一标准所影响到的其他重要事项，来劝说客户放弃该标准或是减轻该标准的权重。这一条不用多说了，产品最好、方案最优、服务最贴心、品牌最有影响力、实施经验最丰富、价格又最便宜的供应商是不存在的。客户自己也知道这样的供应商是不存在的，但并不妨碍他对销售提出以上所有的要求，销售得清楚，不是每一条要求都需要满足。

第四种是调虎离山，即创建全新解决方案来满足客户的要求，可以使基于原方案而设立的标准失去存在的理由。

案例

> 侯经理是一家银行的客户经理，他和X集团的董总很熟。董总是X集团的副总，分管海外业务。侯经理和董总谈妥了海外业务的合作，按照流程，两家银行被报到集团办公会上进行讨论。董总力挺侯经理，侯经理在利率、服务等方面也确实占据优势。关键时刻，分管财务的方副总表示，为了加强集团的财务管理，建议先上现金管理平台，集中全集团的资金，在此基础上再确定各子公司的业务合作。这个建议得到了大部分与会人员的认同，竞争对手得到了这笔业务。

六、如何评价竞争对手

在树立标准阶段，不可避免地会涉及评价竞争对手的情况，基本原则是不要攻击竞争对手，诋毁竞争对手会破坏你在客户心目中的形象。

如果一定要评论竞争对手，可以使用下面两种方法：

（1）间接显示竞争对手的弱势。例如："××公司也是很不错的，一直以来是我们的竞争对手。不过，我们长年致力于客户化，在这方面我们做得更好一些。"

（2）不要特别明确对手的弱点，只谈造成他们的弱点的原因。例如："与我们这样的老牌公司相比，××公司确实发展速度很快，对人才的使用也更放得开。我团队里的一些年轻人这两年被挖去了不少，而且都给了很高的位子……"

「方案呈现」

一、提交方案的时机

在大客户销售中，向客户提交方案往往被认为是有效的销售推动手段。在很多公司的销售管理漏斗中，会把"提交方案"作为一个重要的里程碑，甚至会对完成了这个动作的项目进行较高的赢率预测。靠"量身定做的解决方案"吸引客户也成了很多公司的口号，特别是一些在技术上较为领先的公司更是热衷于此道。可是，提交方案并不是一个简单的动作，很多销售人员认为优秀的方案未必能得到客户的青睐，甚至对于精心准备的方案，客户可能草草浏览一番就束之高阁。

让我们来看三个场景：

场景一：甲公司的销售人员听说了 X 公司的采购项目，靠朋友引荐，他见到了 X 公司的采购经理，问了问项目的基本情况。临走的时候，销售人员表示下周提交一份方案，客户同意了。

场景二：乙公司的销售人员接到 Y 公司的电话，采购经办人发来了标书，请乙公司两周后提交方案，参与竞标。

场景三：Z 公司准备采购和实施一个项目，丙公司的销售人员在上一年度就和 Z 公司接触，针对项目的各参与部门进行了调研，项目的立项申请和预算基本上是按丙公司的意见准备的。本年度，在项目正式立项后，Z 公司请丙公司提交正式的方案。

也许连没有什么销售经验的人，都能看出这三个场景的不同。在不同的场景下，销售人员是否该提交方案，该提交什么样的方案也一定会有区别。

首先我们给方案下个定义。在大客户销售中，方案指的是销售人员针对客户需求所设计的产品和服务介绍及行动计划。这里的关键词是"针对客户需求"，如果销售人员根本就不了解客户的需求，或者只是猜测客户的需求，制作出来的方案就不可能合格，更不可能赢得订单。销售人员手中标准版的公司介绍、产品介绍和案例，都不能算作方案，至多是方案的一个组成部分。

因此，在向客户提交方案之前，销售人员必须问自己两个问题：我清楚客户的需求吗？我和客户一起制定了对供应商的评价标准吗？这两个问题的回答可能出现三种情况。

情况一：两个问题的回答都是"是"。此时，无论是客户提出要方案，还是销售人员主动提出给方案，提供方案的时机都已经成熟，接下来的工作就应该是方案设计和方案呈现。

情况二：两个问题的回答都是"否"。此时，销售人员不应该草率行动，因为在这样的状态下，销售人员根本不知道该提供一个什么样的方案，即便勉强提供了，对客户的感染力也有限。

但是，在实践中，即便在这样的情况下，仍有很多销售人员会主动提供方案，前面提到的场景一就属于此类。事实上，很多销售人员都有这个习惯，有时候刚刚开始接触客户就主动提出给方案，也有时候觉得没什么事可干了，又不能闲着，就主动提出要给个方案。究其原因，还是销售人员或所在公司的销售理念有问题，认为只要给了客户方案，销售就向前推进了一步。殊不知，由于不知道对方的需求，只能按照自己的猜测或者给其他同类客户做过的方案来制作，给客户的是自己以为合适的方案，客户是不是认为合适，就不知道了。虽然这种做法也有成功的可能，但前提是销售人员提供的方案恰好能解决客户的问题，同时竞争对手又恰好不是内行。而要让这两个"恰好"同时成立，可能性可想而知，所以销售人员想通过这样的方案来赢单，纯粹是在碰运气。

那么，如果是客户要求销售人员提供方案呢？销售人员也不提供吗？这时候，销售人员需要思考客户要求提供方案的几种可能。

（1）客户被销售人员缠得没办法了，断然拒绝又怕得罪供应商（特别是当供应商的市场地位和品牌影响力比较强的时候），于是就请销售人员去做个方案，好把他打发走，下次说"不"也就有了"方案不合适"的借口。此时，无论销售人员给出什么样的方案，结果都是客户说"不"。

（2）客户已经有了比较中意的供应商，想再拉几家来验证一下，或杀杀价，或出于采购制度的规定走走流程。此时，销售人员给出的方案不可能打动客户，充其量让客户觉得"还行吧，不过对我来说不太合适，我还是选原定的那家"，然后"毙掉"。

（3）客户也不太知道该怎么选，暂且请销售人员给个方案。此时，销售人员面对的情况稍好，不像前两种面临必然被淘汰的命运，不过，由于不知道客户的需求，也就很难设计出合适的方案，项目成功与否又得托付给运气了。

总之，在既不知道客户需求，也不了解客户的选择标准的情况下，无论是客户要求提交方案，还是自己主动想提供方案，销售人员都不应该勉强为之。当然，如果实在推不掉，也得给，但是一定要以给方案为条件要求进一步的沟通。

情况三：第一个问题的回答是"是"，而第二个问题的回答是

"否"，即知道了客户的需求，但是没有和客户一起制定供应商的选择标准。（前者"否"后者"是"的情况不存在，因为供应商在不清楚客户需求的情况下不可能和客户一起制定出选择标准。）此时，又可以分三种可能。

（1）客户还没有建立供应商的选择标准，即客户也不清楚该选什么样的供应商。这时销售人员要做的是先和客户确定标准，然后再提供方案；或者可以给出简单的方案，不涉及细节，只列关键点帮助客户树立标准，标准明确后再给详细方案。

（2）客户已经和竞争对手一起建立了选择标准，前面的场景二就是这种情况。由于标准不是由己方树立的，按照现有的标准做方案胜算不大，而按照己方的优势做方案，客户也不会认可。这时销售人员要做的是试图改变标准，可以采取的方法有：向客户表示提供方案是一件很慎重的事情，要求见到相关人员，在调研之后才能给出具有针对性的方案。而在与相关人员面谈时，就要抓住机会重新挖掘需求，进而改变标准；指出现有标准的不足，请客户慎重考虑；动用个人和公司的资源找到关键人，影响现有标准。

如果做不到这些，销售人员就不用出方案了，因为出了也没用。没有胜算的单子放弃并不可惜。销售只是冠军的游戏，第二名不但没有意义，而且比倒数第一名还要悲惨，至少第一个出局的人不需要有太多的投入。

（3）客户自己建立了一个相对"公平"的选择标准，对各供应商没有明显的倾向性。这时候，销售人员要做的依然是先影响标准，如果实在影响不了，也可以出方案，此时就要各供应商硬拼方案设计和呈现的本事了。

综上所述，销售人员提供方案的最佳时机，是明确了客户的需求，并且和客户共同树立了选择标准；至少要做到明确客户的需求，并且在客户的选择标准上没有明显劣势。过早提交方案不可取。

二、方案该包括哪些要素

如果上述时机成熟了，接下来就该设计制作方案了。应该说，每个销售都有制作方案的经历，但是很多方案并不合格。经常能看到这样一些方案：

（1）只谈自己的产品，不谈客户的现状、困难及需求。往往是在标准模板的基础上复制粘贴，我们遇到过的"极品"方案把客户的名字都写错了，这样的方案对客户毫无价值。

（2）谈产品，也谈问题，但是缺乏针对性。比上一种略好，这样的方案里谈到了产品可以解决的问题，可是，这些问题是销售自己猜测出来的（或者是其他客户的问题），对收方案的这个客户没有针对性，如果运气好，碰对了会有效，但大多数情况下是无效的。

（3）体现不了与竞争对手的差异性。虽然对任何一个行业来说，标准的产品和服务都呈现出高度同质化的特征，但是，具体到一个大客户，一定可以提出不同的方案，以便于客户选择。如果销售给的方案与竞争对手给的方案换了标识没有差异，客户将无从选择。

那么，什么样的方案才算合格呢？我们见过两三页的建议书，也见过几百页的标书，厚薄不是确定方案是否优秀的因素（很多时候，标书做的厚是因为有一些形式上的要件必须放进去），从方案的定义中，我们就可以大概知道方案应该包括哪些要素。

1. 客户需求

毫无疑问，客户需求是任何方案的最核心要素，也是方案能否打动客户、赢得青睐的关键。如果销售人员能在方案中一针见血地分析透客户的需求，并据此提供个性化的产品和服务，这无疑会"说到客户的心坎里"，项目成功的可能性就会大增。（对于需求的分析已经在前一章展开，在此不再赘述。）在给客户的方案中，必须包含对客户现状的分析，必须能够指出客户存在的问题，而且要把问题的影响放到足够大。这样做原因有两个：一是让客户认识到有问题才会有需求，问题越大，问题带来的痛苦就越大，需求也就越大，客户愿意花的钱也会越多；二是谈客户的问题，客户才会关注，如果方案中不谈客户的问题只谈自己的产品，不会引起客户的兴趣。

在向客户提交的方案中，必须包括组织需求，但很多个人需求不可以写在方案内，只能靠口头沟通来让对方明白。举个例子，某集团公司要做集团网银，将财务权限上收，提高对各子公司的现金控制。对于集团来说，这样做提高了资金利用率，降低了财务成本，这都是组织需求，可以在方案中体现。但是，对于集团的财务总监来说，这样做意味着他可以加强对下属公司的控制，集团财务部和他本人的权力和地位就会明显提高，这是个人利益，在方案中就不能写得那么明显，更多要依靠口头沟通。

2. 产品和服务

在这一部分，有两个关键词。一个关键词是价值。方案中提到的产品和服务要强调给客户带来的价值，而不仅仅是产品本身。例如，客户要采购一台新设备，能得到的价值是可以多接活、多赚钱，而不是这台设备的先进技术代表了最新潮流。有些价值是有形的，可以用数字来衡量，如成本的降低、收益率的提高等。对于此类价值，需要以数字明确。有些价值则是无形的，如企业凝聚力的提升、工作环境的改善等。

对于这些无法用数字明确的价值，应该通过案例来打动客户。

另一个关键词是差异化。你的方案与竞争对手的有什么不同？有哪些地方优于对手？在方案中，你不需要提到竞争对手，但需要体现差异化，以此作为客户区分你和竞争对手的依据。例如，你不用提你的市场占有率比竞争对手高多少，但是可以提出在选择供应商时市场占有率是一个重要指标，然后提供你的市场占有率的数字就可以了。

如果供应商的选择标准是你和客户共同制定的，这个标准就是你的优势，此时体现差异化会比较容易。如果标准是客户自己制定的，你在体现自己也能满足客户标准的同时，可以提出一些差异化的标准来提高胜算。如果标准是客户和竞争对手一起制定的，你就必须提供有别于原标准的差异化指标，为翻盘做最后一搏。

方案中当然要提到具体的产品和服务细节，但是如果这些细节与价值和差异化没有关联的话，在客户眼中就没有什么吸引力，充其量只能证明你的细致和用心，影响力有限。

3. 行动计划

行动计划是项目的实施计划和流程，甚至会包括从本项目延续下去的中长期规划和目标。对于客户而言，选定供应商和产品只是大项目采购的开始，实施过程同样至关重要。合理的行动计划有三个作用：

第一，让客户放心。清晰的行动计划会让客户觉得后续实施有章可循、可控制，从而感到放心。如果在行动计划中对项目的实施过程进行风险预测，同时提供相应的解决对策，可以让客户感到更放心。

第二，控制客户的期望。大型项目的实施是分阶段的，每阶段能达到的目标和收益都不同，但客户没有耐心等到项目全部实施完毕再来评估成果，而是希望尽早受益。行动计划列明了阶段工作和目标，有助于控制客户的期望，同时让客户看到阶段的收益，有利于客户做内部宣传和推广。例如，某个客户由人力资源部门牵头，要做一个能力测评项目，预计耗时半年。一种做法是列明季度甚至月度的工作和成果，另一种做法是让客户等上半年拿最终报告。虽然这两种做法都是在半年后才实现客户的最终目标——拿到测评结果，但是客户会选择第一种方案是不言而喻的。

第三，激发客户长期合作的兴趣。长期规划中的有些工作可能会超出本期项目的范围，这样做一方面可以显示销售人员的专业性和大局观，另一方面也会激发客户长期合作的兴趣。仍以上面的能力测评项目为例，虽然本期项目只限于测评，但如果能在行动计划中对测评后的培养计划给出建议，无疑会给方案加分。

4. 价格

在大客户销售领域，关于价格有一些普遍的共识：一是不要过早报价，不要在销售初期就陷入价格谈判的陷阱；二是价格由价值决定，为了达成销售，销售人员应该展现产品的价值，而不是降低价格；三是大多数情况下客户并不会一味要求低价，所以低价取胜并非大客户销售的首选策略。

而在方案中，如果客户明确要求列明价格，那么销售人员在制定价格时就需要考虑以下因素：收益，除了当期的收益，还要考虑本项目带来的影响；客户预算，这是一个硬性条件，如果产品价格不可避免地超出客户预算，最理想的办法是找到客户方有足够权力的人去突破预算，如果做不到这一点，报价就不能超出客户预算，否则方案再好客户也只能忍痛割爱；竞争对手，需要考虑竞争对手的报价和客户对价格的评判标准，以此来估测合适的价格；理由，报价要有充分的理由，减少客户的质疑。当销售人员在方案中呈现了非常重大的价值和稳妥可靠的行动计划后，就有足够的理由报出较高的价格。

至于方案具体怎么去做，最合理的做法是和客户一起做。也就是说，在做方案的过程中，不是销售人员自己说了算，而是要和客户充分沟通意见，把客户的思想和观点融入方案中。这样，客户就会觉得这是"自己的方案"，从而会给予足够的支持，为销售的推动和后续实施减少障碍。

三、方案如何呈现

方案做好后，销售人员就要带着方案去跟客户沟通（在方案制作过程中，也需要与客户沟通），以取得客户内部各方势力的支持。于是，摆在销售人员面前的一个问题是，如何向客户方不同的人呈现方案。客户中不同的人对方案的关注点是不同的，而销售人员不可能对同一个客户做出不同的方案，所以只能在面对不同的人时以不同的方式来呈现方案。

1. 向个人呈现

在大客户销售中，销售人员往往需要向两个层级的人呈现方案：中层人员和高层人员。

中层人员（或者说圈子地图里的执行层）往往是参与采购的各部门负责人，需要对供应商做出某方面的评估，对项目有一定的影响力。但是，不同的部门由于位置不同，对方案的关注点也就不一样。技术部门会关注方案的技术指标能否达到要求；使用部门会关注产品是否易用，使用之后对本部门工作有何影响；财务部门则会关注成本是否超出预算；等等。因此，销售人员需要根据不同部门的需求，有针对性地强调方案中相应的部分。

高层人员（或者说圈子地图里的决策层）负责对采购做最终决策。

在大客户销售中，如果没有客户高层的支持，赢单的可能性就不大。但是，在实际销售中经常会出现这样一种情况：销售人员很希望取得客户高层的支持，但又不敢去见客户高层，怕见了也不知道该怎么谈。

不止一位跨国企业的销售总监向我们表示，他们很为销售人员如何去见客户高管这个问题头疼。若干年前，跨国企业刚刚进入中国市场时，凭借品牌的光环和产品的领先，很容易就能拿下客户。但是，随着客户不断成长，销售人员在对方高管面前已经完全无法对等交流了，因为客户高管谈的东西听起来都很宏大，跟供应商的产品和服务没有什么关系，普通的销售人员根本不知道跟他们谈什么。

在上一章里，我们通过 BVF 这个工具讨论过客户高层的关注点，这里我们再强调一次，客户高层会关注以下几个方面：

业务：包括竞争优势、客户满意度、并购、增长率、市场份额、新市场开发等。

财务：包括投资回报、现金流稳定、财报美化、对投资者的影响等。

政治：包括个人声望、政绩体现和政治前途、在内外部如何获得同盟和支持等。

文化：包括管理规范、沟通顺畅、思想统一、人才梯队建设等。例如，当一家企业决定采用 ERP 系统时，IT 部门可能会关心系统架构，财务部门关注系统成本，企划部门关注系统的功能模块，而总经理一定会关注系统实施后对业务发展有什么帮助，是否可以提高效率、降低成本、规范管理等。

总之，见不同的人要说不同的话，我们曾经遇到过的一位销售高手甚至就同一个方案出了两个版本，都只保留对方最关注的部分，分别呈现给不同的人。

2. 向团队呈现

除了向不同层级的人员单独呈现方案，有时候销售人员可能需要同时向多个部门的多个层级的人员陈述方案。其典型代表就是讲标，在这种情况下，销售人员不可能兼顾所有人，需要关注场内级别最高、影响力最大的人，赢得他们的认可有助于博得其他人的支持。如果可以一锤定音的决策者也在场，销售人员就需要投以极高的关注，因为销售人员平常很难见到这样的决策者，这时候一定要给这个人留下深刻印象，甚至可以为他改变原有计划。

案例

在一次讲标中，张经理排在最后一个出场，留给他的时间只有15分钟。这家客户是一所专科学校，事先，张经理已经知道校长参加此次评标，并且校长最关心的问题是学校的专升本。于是，张经理完全舍弃技术细节，从专升本的政策和学校的现状入手，分析自己的方案在哪些方面能帮助学校达到专升本的条件。还没等他介绍完，校长就已经拍板决定与他合作。

「案例练习」

七、树立标准

我们继续和 D 主任、F 处长保持良好沟通，在他们的指导下进一步调整方案。

同时，我们也帮 D 主任争取到了参加学术会议的名额，帮 F 处长争取到了参加设备全生命周期管理的研讨会的名额。

我们和医学部的同事一起研究，准备好方案，在 F 处长的安排下，我司大区销售总监和医学部部长一起，跟 S 医院召开了交流会，G 院长、A 副院长、C 主任、D 主任、F 处长参加了交流会。

我们梳理了医院下一步发展的重点工作：

1. 医院升三级，除了在硬件上要有大量增加，在软件和管理流程上也要有很多改进和提高；

2. 提高科研和临床实力，把心内科和妇产科打造成省重点专科；

3. 提高医院影响力，吸引更多病人来院就医，提高医院收入。

除了提供相关设备之外，我们还可以提供以下服务：

1. 邀请我司医疗管理咨询部的专家，为医院提供管理咨询，帮助医院顺利通过三级评审；

2. 在心脏病学和妇女健康两个方面，我司都有成熟的疾病解决方案，可以联手心内科、妇产科和放射科，开展相关科研和临床项目，提高这两个科室的医疗水平；

3. 邀请国内知名医院的放射科专家，来医院进行教学交流，联合举办区域医疗论坛，提高医院影响力；

4. 提供开机保证解决方案，将医院开机率提高到98％。

5. 影像云一定是未来医院发展的趋势，我们可以在这方面提供相关合作，让医院成为创新的标杆。

G 院长和 A 副院长对我们的方案非常满意，当场交待 F 处长多和我们沟通，加快开展招标。

此时，在内部会议上，H书记提出，选64排设备要有两点标准：

一是价格（硬性）：医院应该在买到好设备的同时尽可能降低成本，如果此次采购Y公司的产品，他们会给出一个优惠价，同时，对之前的双排设备免费维修。

二是同类医院装机量（硬性）：装机量大意味着产品受同类医院欢迎，经受住了市场考验。在二级医院，Y公司的装机量是优于我们的。

练习：

1. 请你帮医院树立采购标准。

2. 针对H书记提出的两个标准，你的对策是什么？

第七章

解决疑虑阶段的
销售策略

解决疑虑不是处理异议

本章所说的"疑虑"和很多销售人员说的"异议"是两回事，本章所说的"解决疑虑"与"异议处理"也是两回事。在本书的第二章中，我们就曾经说过，"异议"这件事，在大客户销售当中不是购买信号，而是警示。在这里，我们再用一些篇幅来重申一下这个问题。

通常情况下，销售人员会遇到的异议有这样几种：

一、我们不需要

说实话，如果是个沿街兜售的小贩，遇到这样的异议还情有可原，在大客户销售领域，遇到这样的异议则不可理解。

造成这样的回应的原因无非两个：一是找错了客户（或是找错了人），坐在你对面的那个人真的不需要你的东西，再怎么费力销售都没用。说得难听一点，把梳子卖给和尚这事不是创举，有那么多需要梳子的人你不找，跟和尚较什么劲。二是对方还不够痛苦，客户不认为现在需要解决，哪怕你的东西真的很好，能解决问题，客户的回答也还是不需要。

所以，"我们不需要"这件事情，几乎可以肯定是销售尚未完成需求开发的工作就推荐产品和方案了，完全是销售人员自找的。

二、你的东西对我没什么用

这类异议比上面那种好点，客户需要你提供的这类产品，但是认为你提出的优势没意义。比方说，你告诉他这款笔记本电脑很轻，方便员工携带，他告诉你他们公司禁止将笔记本携带出公司；你告诉他你的培训可以完全使用他的案例进行实战分析，他告诉你他认为外脑应该带来方法论，案例分析这事公司的内训师进行就可以了；你告诉他使用了最先进的配件来组织新机型，他告诉你根据他对制造工艺的要求，差两个档次的配件都够用了。

出现这样的异议，主要原因是销售人员无法把自己的产品和方案与客户的需求相关联。对于复杂产品和方案，客户往往搞不懂你的产品功能和他的问题之间是什么关系，需要销售人员去建立链接，如果销售人员不能告诉客户这东西有什么用，遇到异议是正常的。

三、我要的东西你没有

客户对你提出了超出你能力范围的要求，可能需要你花费很大精力和资源才能够满足；也有可能是你根本就满足不了的；最让人觉得憋屈的情况是可能你的竞争对手也完全满足不了，已经完全超出了这个行业的惯例了。而且，你很难改变客户的这个要求。

这并不是客户不讲理（压榨供应商是常态），而是你没能界定问题的优先级，没能让客户认识到，只要解决掉你界定的问题，就已经能获得巨大的收益了。

四、你的东西太贵了

只要你报价，说"贵"是客户的正常反应。可能的原因有几种：

一是你的产品真的太贵了，超出了客户的采购预算。销售人员应该在接触的初期就搞清楚客户能承受的预算范围，制定合理的销售目标，如果两者不匹配，就不应该再深入了，避免到销售后期因为预算问题无法成交而浪费精力。

二是这个价格可以承受，但是没觉得你的产品值这个价。这是因为销售人员没有充分展示价值，眼里只有产品功能的销售人员，非常容易引发这类异议。

三是习惯性反应和面子问题（如果是这种原因，嫌贵不算是异议），面对报价总归要说一声贵吧，一点价都讲不下来不符合规矩，没法在内部交待。如果销售人员熟悉客户的采购习惯，可以早早留出让步空间。

五、我们还要再考虑考虑

客户没有明确拒绝或反对你，但是销售进程陷入停滞了。类似的理由还有"现在很忙，顾不上这个项目，等等再说""这事儿要领导同意，可是领导很忙，还没顾得上汇报呢""这个事要委员会开会讨论，可是凑齐开会人数不容易"。

产生此类异议的原因无非两个：一是"买不买"的问题，即痛苦不够大，客户还没有决定要马上采购，但是需要吊着你继续为他出主意；另一个是"买谁的"的问题，即还处于评估阶段，比较倾向于竞争对手了，但是又还想给你点希望让你做"备胎"或是压价的工具。

六、你说的我不同意

这一类异议指的是客户总能找出不认同你的理由。你跟他讲定制方案他要求业内最佳实践，你跟他讲行业案例他告诉你他们的企业是非常特殊的，你跟他谈战略意义他要求着力于解决当下问题，你跟他谈当下问题他表示只解决这个问题实现不了项目的目标。

出现这种情况，很大程度上是因为客户根本不想选你又不想明说，所以有意刁难，希望你知难而退或者有一个干掉你的借口。

············

以上，我们列举了种种常见异议，通过分析可以看到，没有哪一种异议是可以通过话术来处理的，异议的出现代表着销售动作出了一些问题，需要找到原因。

疑虑和异议是两回事，异议是客户压根就没打算选你，在销售的任何阶段都会出现；而疑虑指的是客户完成了方案评估后基本确定选你，在签署正式合同和实施之前的那个阶段出现的心理变化。

·

为什么会有疑虑

打个比方，临近签约的疑虑类似于婚前恐惧症。经历了漫长的爱情长跑，确定了婚期，预定了酒店，做好了一切准备，准新郎和准新娘开始憧憬婚后的美好生活，可是此时他们脑子里浮现的不仅仅是恩爱夫妻，也会想到一些婚后并不和谐的情形。他们会想到对方的一些小缺点，会有点怀疑这个人是不是今后要共度一生的人，此时，如果发小或是闺蜜揭露一点对方的小缺点，会让准新郎（娘）心里产生巨大的不安（在热恋期，如果有人说另一半的坏话是根本听不进去的）。他们会想到婚后还要和对方的家人打交道，这是非常容易产生冲突的事情。可能还会想到之前在众多追求者中选了这一位，家人和朋友并不赞同，万一婚后另一半的表现不够好，诉苦都找不着人去说。种种不安涌上心头，他们可能会想"也许过几个月再做决定更合适一些"，甚至真的会为了一个小小的冲突上纲上线去推迟乃至取消婚期，当面对无辜的另一半质问的时候，他（她）也说不清楚到底是什么原因，只好同样蛮横地回答："我觉得你不够好，这个理由足够了吧。"

这并不只是发生在电影里的故事，而是人们在决策过程中一定会走过的一个步骤，决策越重要，这个阶段就会表现得越明显。

在大客户销售当中，客户在采购周期即将结束，即将做出决定并最终付款时，也会经历类似的思维过程和心理情绪。

如图 7-1 所示，销售的早期，销售方构建客户能够得到什么，客户的关注点也都放在方案和利益上，但是，临近签合同时，客户的心理会发生微妙的变化，再次犹豫不决，开始担心此次采购是否真的能达到自己的期望。客户的担心在于两个方面：一是担心事。预定的业务目标是否能实现？会不会有额外的成本？会不会出现意料不到的情况导致项目失败？二是担心人。销售是不是真的靠谱，签了合同之后真的会像之前保证的那样帮我吗？如果项目出问题，"政敌"趁机发难怎么办？会不会影响我在组织中的地位？如果说确定采购之前，主动权在客户手里，发现供应商有缺点可以随时废掉，那么，一旦确认合作，客户和供应商就绑在了一条船上，项目实施失败，对客户的影响往往超过对供应商的影响，对供应商来说，最坏的结果也不过是丢掉这个客户，但是对力主选择这家供应商的人来说，要承担选择错误的责任，会影响到今后的发展，损失是巨大的。

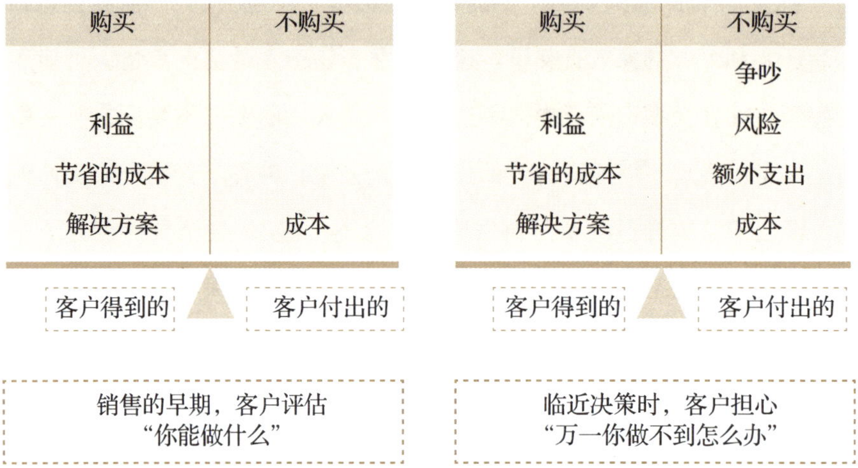

购买	不购买
利益	
节省的成本	
解决方案	成本

客户得到的 ▲ 客户付出的

销售的早期，客户评估
"你能做什么"

购买	不购买
	争吵
利益	风险
节省的成本	额外支出
解决方案	成本

客户得到的 ▲ 客户付出的

临近决策时，客户担心
"万一你做不到怎么办"

图 7 - 1　客户决策过程中的心理变化

只要没签合同，客户就还有一定的主动权，还可以让"备胎"上位，但是一签合同，回旋的余地就小了。所以，签合同之前，客户可能会进入疑虑阶段，越是大的项目，客户就越容易有疑虑。

如果不能理解这个阶段，或是不能发现客户存在疑虑，销售人员就会错误应对。

一、疑虑的表现

客户常见的有疑虑的表现有以下几种：

（1）推迟签约。迟迟不完成签约动作，给自己留回旋余地。

（2）回避见面。躲避销售人员，减少跟销售人员见面，或者透露的信息减少。比如，你的支持者可能会告诉你，还要等一个领导签字。如果此时他没有疑虑，还是急着想跟你签约，大概率他会跟你解释为什么领导还没签字，估计啥时候能签，如何推动这事。但是，如果此时他心有疑虑，则大概率会告诉你再等等而不会有后续的规划。

（3）提出额外要求。此时，客户往往已经和你经过了很长一段时间的交流了，该谈的问题基本上都谈了，又不好意思对销售说"我对你不放心"，所以会对销售提出一些苛刻的要求，你同意，他可以增强对你的约束来降低风险，你不同意，他也有充分的理由来延缓甚至取消签合同。常见的是要求销售人员提供额外承诺和调动特别资源，比如提供更为完整的培训材料、指定某些技术人员必须参与实施、请出特殊级别的专家和高层来会面等等。还有一类常见的额外要求是一些商务条件，比如价格、账期等等。这些都是客户希望尽可能降低自己的风险，在不知道如何才能有效降低实施风险的情况下，降低成本就是控制风险的有力手段。这些要求，有的可能在前期就已经提过，销售人员已经解释过了并得到了客户的认可；有的在销售人员看来没有什么必要，比如，设备的安装没有什么难度，派一个技术专家和一个普通的工程师来，对项目并不会有什么影响；有的在销售人员看来是不合理的，行业内没有一家供应商能做到，甚至是不合规的，比如，要求销售人员保证投资收益率。

糟糕的是，这些疑虑的表现往往很有迷惑性，可能是客户有疑虑的表现，也有可能是内部出现了新的变化导致的。比如，有新的权力者加入项目，也会造成签约推迟。正常的商务谈判，双方也会在一些成交条件上反复纠缠，这些都跟疑虑的表现很像，销售人员需要加以区分。区分是有疑虑还是出了其他问题的最有效手段，还是我们在本书中一再提到的：找接纳者核实信息。

二、疑虑的后果

任由疑虑发展而不处理，可能带来三种不良后果。

　　第一种，废标再招。这是最差的情况，因为疑虑重重，难以解决，客户会推翻原有的决定，找个理由废标，重新选择供应商。

　　第二种，拖延签约。客户推迟签合同的时间，然后折腾着销售人员去满足一些额外的要求，利润率和客户关系健康度因此会受到影响。

　　第三种，实施不顺。客户疑虑没有那么重，或者虽然有疑虑，但是时间关系他不得不签约，也就是，在疑虑没解决的情况下他也跟你签约了。实施过程中销售人员会遇到苛刻的要求，一点小小的失误都会被放大，甚至完美的实施也不能够换来客户的满意，大大增加了实施的成本。原本这个项目做到 90 分就够了，但是由于客户的疑虑一直带到了实施阶段，他会要求你做到 120 分，更糟糕的是，即便做到了 120 分，他也认为是应该的，因为他提心吊胆了这么久，终于看到结果了。

如何处理疑虑

　　任由疑虑发展会带来不良后果，此时，领先一方的销售人员必须处理疑虑。

一、处理疑虑的常见错误

1. 淡化问题

　　淡化客户关心的问题，否定它的重要性。比如，告诉客户这点小事根本不会影响后续的实施，根本无须担心。可是，既然到了最后关头客户还对这个问题有所关心，销售人员根本淡化不了，淡化反而会让客户觉得你根本没有考虑过这方面的问题。

2. 开处方

销售人员不探明原因就向客户推荐解决问题的方案、建议或主张，或给出无根据的承诺。可是，目前客户担心的是在他的企业里实施会出现的问题，这些问题其实都是需要采购者自己去解决的，而不是销售人员能解决的。比如，销售人员承诺新系统的上线可以大大提高管理效率，可是系统只是个工具，如果使用人员不配合，相应的管理制度不能配套推进，管理效率仍然无法提高。最终这个系统的效果如何取决于客户是否愿意承担责任去推动实施，销售人员的承诺并不可信。

3. 施加压力

比如，给出限期的价格优惠推动客户做出决策。这里我们需要说明一下，施加压力也是销售人员的必备技能之一，当客户对项目推动并不急迫或是试图讨价还价时，施加压力是非常有效的做法。但是，施压不适用于客户存在疑虑的情况，此时只会让客户觉得你不能体谅他，会把他推远。虽然有可能压制客户的疑虑让其签约，但没有打消客户的担心。

二、正确处理疑虑

针对大项目，销售人员要预防疑虑，也就是说，不要坐等疑虑发生，抢先下手防范，让客户不要产生疑虑。防范疑虑的动作是贯穿在前期的需求沟通和方案交流之中的，也就是在每一次的交流中，销售人员对客户下一步的期望和疑问有预判，提前就要提示可能的风险点，把客户的期待锚定在一个合理的水平，而不是让客户有了不合理的期待再告诉他做不到。大单当中，有一个重要的预防疑虑的动作叫疑虑恳谈会，销售在得知自己被选中了或者中标结果公布以后，24 小时之内约客户召开疑虑恳谈会，销售要向自己的支持者讲清楚三点：一是项目详细的实施计划，展示你的甘特图。二是可能出现的问题及解决措施，包括事和人两个方面。事指的是项目实施过程当中会出现哪些业务上的问题。比如有可能你的供货延迟，有可能客户那边操作人员的水准不够需要加额外的培训，等等，都有可能影响项目实施；人指的是客户内部可能还是有人反对你，他们可能在实施过程中给项目挑毛病，进而影响到项目进度和你的支持者的内部口碑。你需要展示你的预案，明确最有可能出现的问题是什么、要怎么去解决、销售方和客户如何分工、如何保证效果和产出。三是项目沟通机制，也就是日常如何保证客户对于整个项目的可控。这些都清楚了，客户对未来觉得可把控，也就不会产生疑虑。

如果虽然做了预防，客户还是有疑虑，或者有些中小型的项目不会花那么多力气去做预防的工作，销售需要很好地处理疑虑。

首先，销售人员要控制自己的情绪，只要合同没签，什么都可能发生，客户变卦、出问题都是正常现象，既然干这一行，就不要委屈赌气，有问题解决就好，不要老觉得自己"一腔真心，终是空付了"。

其次，需要找自己的接纳者核实信息，看看客户是内部出现了新的变化还是有疑虑存在。

最后，处理疑虑。正确处理疑虑的方法有三个：

一是和支持者创造出比较亲密的气氛，深入交流，回顾双方的共同目标和利益，唤起对方对合作的情感。也就是让客户相信你是个可以合作的伙伴，愿意和你一起"搏一把"。

二是预演未来，增强信心。也就是你和你的支持者一起规划如何保证项目实施成功。具体内容可参见前述疑虑恳谈会。

三是高层互访，强化承诺。最后阶段的高层互访不是让高层施展高超的销售技巧去搞定最后的老大促单（当然，业务线上的高层往往是从一线打上来的，确实有着极高的销售技巧），而是利用高层人员的出现显示出对此项目的重视和承诺的有效性，从而再次夯实客户的信心，打消客户最后一点顾虑。同时，利用高层出面的机会，也可以让客户的高层当众做出合作的姿态，减少项目执行层的压力。

需要注意的是，请高层出面，是为了让高层做"最后一根稻草"，不是因为自己搞不定让高层去扫雷、当炮灰。所有的局面应该是销售人员掌控的，甚至高层去了干什么也是销售人员事先安排好的。

三、制造疑虑

如果客户已经基本决定选择竞争对手，销售人员可以有两个选择：一是愿赌服输，这一单认栽，干净利落地退出，去找其他客户。另一个选择是创造疑虑，然后等待竞争对手犯错，最佳状况是废标再来，即使此单已经无可挽回，依然可以为后续项目主动创造机会。

销售首先要判断，在目前的情况下，要不要制造疑虑，以及制造疑虑的目标是什么，然后再着手制造和扩大疑虑。

在第四章里，我们把项目分成四类。第一类是业务大影响大的项目。第二类是业务小影响大的项目。对于这两类项目，如果一期和未来的项目是相对独立的（也就是就算这一单丢了，以后也还有很多合作机会），要适可而止。如果你和竞品的实力对比相差不大，或者最高决策者虽然默许了选择对手，但仍然在犹豫，你可以全力制造和扩大疑虑，甚至挑起内部斗争，志在翻盘。如果你和竞品的实力对比相差很大，也就是说里面绝大多数人都是支持竞品的，支持你的人力量不足，你就算撕破脸皮，把这标废了重招，重招了以后，单子也不会是你的，因此要适可而止。销售此时要做的是祝贺客户同时提醒后续合作当中竞品可能出现什么问题，种下不满的种子，期待后续项目的合作，也就是希望他们在合作过程当中，让客户觉得友商的产品和服务都很一般，新项目出来的时候你还有机会。

第三类是业务大影响小的项目，有些项目客户做了一次可以用很多年，比如医院的手术室的灯床塔，一单做完，如果不建新院区，五年（甚至十年）之内这家医院不会有类似项目了，错过了就没了，你就要殊死一搏。前两类影响大的项目中，如果一期项目可以建立竞争壁垒，也就是说一期丢了后面的二期、三期就没你什么事了，也属于要殊死一搏的项目。这个时候你要倾尽全力制造和扩大疑虑，撕破脸皮也没关系，力求翻盘，翻过来了你还能参与，翻不过来就没有机会了。

第四类是业务小影响小的项目。单子很小，也没有未来，此类项目不值得拼命，折腾了半天收效甚微，搞不好还会在业内留下一个为了收单子不择手段的名声，销售人员大可以潇洒离去，去攻别的项目。

如果销售人员选择了制造疑虑，依然要从两个方面下手：一方面是事，指出竞品在后续的实施阶段可能出现的业务问题，引导客户关注竞争对手的弱点。另一方面是人，指出目前的选择影响客户个人需求的实现，比如指出这一单选了竞争对手意味着他在这个项目控制权的丢失，这事儿很麻烦。

如果制造疑虑得当，销售人员会重新获得合作机会，可能这个项目会重新评估，也可能项目会分拆，自己能拿到其中一部分。在很多大项目中，决策人对风险都是很厌恶的，也就是，他可以不追求 100 分，但至少要保证项目能够顺利实施，在这种情况下，疑虑更容易被激发出来。

谈判与解决疑虑

谈判也是在正式签约之前经常要经历的一个步骤，而且，由于谈判之后往往紧跟着签约或是不签约，所以经常会有人认为谈判技巧是决定是否能签约的重要条件，会认为可以用谈判来解决疑虑问题，也经常会有客户找到我们询问课程是不是能讲谈判。所以，我们觉得有必要来谈一谈。

先说结论：谈判技巧确实是一项重要技能（细致的谈判技巧在本书中就不提了，关于这个专题的书籍汗牛充栋），但是，谈判解决不了疑虑，也解决不了销售当中的大多数问题。针对来咨询谈判课程的客户，我们深入沟通后会发现，大多数情况下销售人员欠缺的不是谈判技巧，而是销售上出了问题导致遇到了极大的谈判压力。常见的问题有：

1. 未展示价值即开始谈判

谈判和销售的区别在于：销售时，销售人员并不改变自己的条款，而是在不断地施加影响力，试图以价值打动客户；谈判时，双方有权改变自己的条款，希望以让步达成共识。

也许是因为谈判看起来是签约前的最后一个阶段，所以有很多销售人员经常过早地开始谈判，与客户讨价还价，希望以好的价格和成交条件吸引客户采购。可是，如果客户并不认可你的价值，要么根本没兴趣跟你谈，要么在谈判中尽力压榨。

客户不认可你的价值，也就不在乎是不是能跟你谈成，销售人员对这单志在必得，不惜一切代价要拿下，客户认为你可有可无，谈崩了大不了找另一家，这种情况下，销售人员就算谈判技巧再好也没用。

2. 不知道什么条件才能打动对方

与第一种情况类似，因为销售人员没做好，所以不知道对方在意的到底是什么，自以为重要的条件根本没办法打动对方，即使做出了巨大的让步在客户看来也无所谓，客户一定要的条件销售人员又认为满足不了，这样的谈判非常容易陷入僵局。

3. 不知道该向谁让步

看个场景，前期业务部门负责对供应商的筛选，最终选择了你和另外一家供应商进入后续的谈判（按照对方的采购制度，必须要有两家进入谈判）。此时，来跟你谈价格的换了一拨人，以前从来没有打过交道的采购人员出手，上来把你的东西贬一通（虽然说得极不靠谱但也不听你解释），然后要求降价，并且声称不降价就选另一家了。降不降呢？不降吧，挺担心过不了这一关；降吧，之前业务部门提出这个要求时你可是一点都没让步，换了一批人你就降了，怎么向业务部门交代？而且，降了就一定能拿到这笔业务吗？应该降到多少呢？都是麻烦的问题。

在这个场景中，让销售人员陷入两难境地的同样不是谈判技巧的问题。如果早早取得业务部门的信任，达成了一致，那么报什么价、留多少让步空间、怎么降就既能满足采购的 KPI 又不让人觉得你是乱报价等等问题，在见采购之前就已经商量妥当了。

把这个问题扩大到普遍一些的场景：客户里面有不同的人、不同的部门跟你接触，都想从你这把条件谈下来一点，可你手里的资源就那么多，该向谁让步呢？

　　该给谁面子不该给谁面子，对谁可以让步对谁一定要死扛到底，这涉及的都是销售的问题而不是谈判的问题。在大客户销售中很多问题貌似是最后的谈判问题，其实都是销售能力不足的问题，"价格不能再降了""对方的条件我们不能满足"等等都是借口。说得不客气一点就是，销售做得那么差，全指望着最后的谈判能力挽狂澜，且不说没有希望进入最后的谈判，就算运气好能走到最后，也谈不出什么好结果来。回到这一章的主题，解决疑虑的核心是让对方放心，而谈判做不到这一点，比如，对方提出你能不能再降降价，看起来是谈判技巧的问题，其实是对方对你还有所担心，这就不是通过谈判技巧能解决的，而是要按前文所述的步骤和技巧来应对。

　　正因为如此，我们的谋攻课程当中没有安排谈判的技巧。当然，这并不是说谈判不重要，套用一句流行语"你的努力程度之低，根本轮不到和别人拼天赋"来说一下谈判这件事，就是"你的销售能力之低，根本轮不到和对方拼谈判的本事"。

案例练习

八、解决疑虑

　　我们技术评分第一、价格评分第二，同时获得综合评分第一，顺利中标！但是，医院迟迟不签合同。找到 F 处长细问，原来是竞品的大区总监对丢了这个单很恼火，更换了负责这家医院的销售人员，并且亲自出马，直接和院长沟通。

输标后第四天，竞品大区总监协同总部的医学部部长共同拜访 G 院长，力邀 G 院长去参加了一个全国性的研讨会。这位大区总监向 G 院长表示，Y 公司一直致力于帮助区域中心医院的发展，这是 Y 公司的业务战略，而 X 公司一直以来的发展重心就是一线城市的大医院，资源投入的重心也不在区域中心医院。之前 Y 公司的销售人员确实犯了一些错误，现在已经被撤掉了，今后，肯定 G 院长指到哪儿就打到哪儿。这个研讨会的参会对象就是像 S 医院这样的区域中心医院，在会上，展示了竞品在心脏病学等方面成熟的疾病解决方案，同时展示了很多业界新风向和新技术发展方向的信息。并且，特别强调了软件的重要性，也显示了软件的进步对科研的重要性。竞品大区总监提到，跟 X 公司还没谈软件吧，这个不提要求可不行啊。

而 X 公司中国区的高层刚刚换人，队伍正在动荡，现在跟您保证的那些事儿，有些是写不进合同的，一换人，还能不能兑现可就不好说了。

听了他们的话，G 院长有些犹豫。

练习：

你如何打消 G 院长的疑虑？

第八章

方案实施阶段的
销售策略

「 保证实施的成功 」

对大客户销售来说，签约只是合作的开始，并不意味着万事大吉，客户已经开始使用你的产品，会评估本次采购是否达到了预期的效果，销售人员对客户的关注程度会直接影响合作的效果。往小了说，会影响到这一单的回款和结项，往大了说，以后还想继续与这家客户做生意呢。

请读者看看下面三张单子，是否会心有戚戚焉。

第一张单子，IT 部的负责人对你非常支持，打单过程中帮了你不少忙，可是签约后的合作简直让你怀疑人生，他对后续的实施要求非常高，出了一点小问题就要你解释，还不停追问某些工作完成了没有，可是项目甘特图已经给他了，他追的那些工作还没到完成的点，你并没有拖延，可是他不满意，你该怎么办？

第二张单子，你中标了某县教育局的 5 000 台电脑的单子，支持你的副局长要求 7 月底所有电脑要配送到位，可是你实在来不及调货，在公司里动用你能动用的一切资源也搞不定，你又不敢跟客户说。终于副局长怒了，质问你到底能不能按时到货，你该如何解释呢？

第三张单子，你觉得和 C 公司在上一个项目里合作得不错，至少要求的各项成果都实现了，支持你的技术总监也表示认可，你问他有什么后续项目，他说还在内部研究，不要着急，你要等下去吗？

很显然，在一个客户那里签下来一张单子不代表此后一直有买卖，合作不愉快一拍两散的例子也多得是。

一、方案实施阶段的常见风险

在实施阶段，客户通常会经历三个不同的阶段（如图 8－1 所示）：

第一个阶段叫"新玩具"。在这个阶段，客户刚签合同，兴奋劲还没过，觉得新供应商不错，新产品也不错，自己的产出是大于投入的，付出的前期成本是值得的。

第二个阶段叫"学习"。在这个阶段双方为了项目的成功，都要付出相当的劳动，客户往往会觉得自己的投入远远大于产出，比如，进行了生产线的升级，但是产量和品质没有迅速提升，还需要进行试运行、人员培训等诸多工作，要加班加点，要应对领导的催促，要应对其他部门的挑刺，真是太麻烦了。此时，客户会对销售人员产生不满，觉得很多工作销售人员没做到位，给自己带来了很多麻烦。

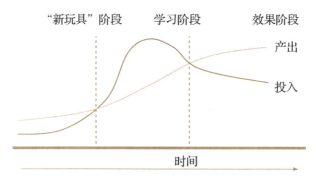

图 8－1　方案实施中的三个阶段

第三个阶段叫"效果"。新产品、新系统运作畅顺，客户觉得看到了项目的成果，付出得到了回报。

在整个实施阶段，客户的积极性一般不会维持在同一水平上。在决定购买之后的"新玩具"阶段，客户通常会有较高的积极性。但进入学习阶段后，积极性可能急速下降，这也是执行过程中的一个高风险期。对客户而言，当他们意识到选用你的产品或服务需要付出努力，却不能马上见到成效，积极性便会下降。对项目的期望值越高，积极性就会下降得越厉害，也就越有可能怀疑本次采购是否正确，对供应商产生不满，矛盾也就此产生，竞争对手卷土重来的机会也就出现了。持续下去，会影响项目的顺利实施，客户会觉得销售人员没有兑现承诺，对销售人员丧失信任，并且破坏今后的合作。如果这个项目可以取消，可能人家就真把这个项目取消了，不能取消，则会压缩在最短的时间内，完成最低限度的项目要求，然后赶紧换人重来。

二、如何让客户感觉好

为了尽量缩短学习阶段，销售人员需要搞清楚一个问题，客户的不满到底是哪儿来的。

如图 8-2 所示，我们从两个维度来看实施结果。横轴是事的维度：事办成，指的是预定的业务目标顺利完成甚至超出；事没办成，指的是业务目标也基本完成了，但是完成的过程不顺利，或者出现了一些意外的问题，付出了更多的时间和成本，或者发现预定的目标偏高，有部分目标在本期项目之内不能完成，必须调整。需要强调的是，事没办成是结果可接受而不是把项目做得一塌糊涂，如果这个项目基本失败，客户的感觉不会好，通常也不可能有以后了。

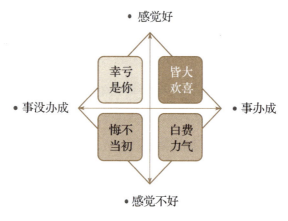

图 8–2　方案实施结果图

纵轴是客户感觉维度：感觉好，指的是客户认为销售在实施的过程当中配合得非常好，把能做的都做了，很为客户着想，值得信赖；感觉不好，指的是客户认为销售在实施过程当中表现得不好，合作的过程不愉快，对项目的实施始终不能放心，对销售也不满意。

从图 8-2 的象限来看，项目的实施有四种结果，第一种结果叫皆大欢喜，事也办成了，感觉也很好。原定的业务目标顺利完成，而且合作过程非常愉快，为今后的进一步合作奠定了良好的基础，你成为客户的首选，新项目中我方地盘开局领先的竞争局势基本上都是这么来的。

第二种结果叫幸亏是你，事没办成，感觉好。虽然在实施过程当中出了一些意外，甚至未能完全实现业务目标，但是你的表现仍然让客户觉得满意。客户认为出现这些意外情况，不是你的问题，无论换哪家合作，这些意外情况的出现都不可避免，你已经处理得很好了，如果合作的不是你，那就糟糕了。虽然事没办成，但是双方依然维持了良好的关系，未来仍然有合作。比如，某个原始设备制造商（OEM）的工业品销售，A 公司是他的客户，B 公司是 A 公司的客户。B 公司在使用 A 公司的机器时，相关零件出现了故障，这是经常会出现的情况，也就是"事没办成"是不可避免的，但是不同的销售人员在售后问题的处理上给客户的感受不同。有人处理得让 A 公司很不满意，甚至把 B 公司的抱怨和客户的流失都归因于供应商；也有人处理得让客户感叹"你来了，让设备迅速恢复运转，而且我们的客户也满意，要不是你，这事可就麻烦了"。这是我们的培训中学员提供的真实案例。

第三种结果叫白费力气，事办成了，但是感觉不好。业务目标已经完成了，甚至销售人员可能付出了超出合同的成本，但是合作过程不愉快，客户对你不满意，认为你做到的都是应该做的，而且还有一些应该做到的没做到。未来是不是和你合作再说，新项目就会出现我方地盘开局中立甚至落后的情况。这种情况下，销售人员很冤枉，他该干的活都干了，甚至付出了超出合同的成本。本来这个活做到 90 分就可以了，他可能把这个事做到了 120 分，但是依然没有让客户感觉好。

第四种结果叫悔不当初，事没办成，感觉也不好。业务目标基本达成，但是有拖延或是付出了额外的成本，客户也觉得合作过程不愉快，觉得销售人员办事不靠谱，不能让人放心。未来很难有再次合作，新项目会面临我方地盘落后开局的情况。

通过图 8-1 所示客户的心路历程，我们看到，感觉好不好，取决于销售人员的处理，感觉好并不要求销售方的产品和方案尽善尽美，而且，这个世界上恐怕也没有尽善尽美。所以，销售人员不要感叹自己的客户"等闲变却故人心，却道故人心易变"，而要去缩短学习阶段。

销售人员可以使用三种策略来提高满意度：

（1）预防。再次和客户明确项目的实施计划，提前预测可能出现的问题，以及做哪些工作来预防这些问题的发生。

（2）铺垫。提前告知客户，如果做了预防还是出现问题，该如何处理。

其实，这两项工作也是在解决疑虑阶段销售应该做的事。当时做好了，在实施阶段就会轻松一些，这两件事情在那个阶段没做好，到了实施的时候就会带来一些麻烦。为什么客户会追着你要结果？为什么客户会盯着你不能出一丝一毫的错误？就是因为他心里没底，他觉得后续不可控了，然后就会有焦急和愤怒的情绪产生，就会来找销售人员的麻烦。

客户满意度的高低取决于两个因素，一个是产品的效果，另一个是客户的期望。在销售过程中，销售人员倾向于提高客户的期望，给客户描绘了美好的未来，以此激发客户的采购意愿。但是，如果在实施阶段仍然一味提高预期，会给自己带来麻烦。而通过预防和铺垫，销售提前告知客户在使用新产品的过程中可能出现的问题，适当降低客户的期望，也会让客户觉得未来可控。

我们拿日常生活中的小事来举个例子。假设你半夜肚子疼去医院，医生给你开了药，这药的效果很好，发挥作用也很快，但是有点副作用，在你吃下去之后一个小时左右的时间，你的疼痛无法减轻甚至可能加剧。

如果医生不告诉你这点，开药的时候只是说"这药不错，吃了很快就好"，当药物发挥作用你感觉更疼的时候，对医生的评价会是什么？估计会说这医生医术不佳，这药没什么效果，还会担心医生给你看错了，有可能会熬不住再找另一家医院去看病。即使硬挺到第二天好了，估计对那位医生的评价也不高，甚至不愿意归功于他，而会归功于自己临时的一些土办法（比如拿热水袋捂肚子）。

反之，如果医生开药的时候说："这药不错，吃了很快就好。但是刚吃下去那一个小时，你会觉得肚子更疼了，没有关系，这是药物的正常反应，多喝水，很快就好了。"当肚子更疼时你是什么反应？应该就很镇定了吧，会认为医生说得很准，出现这样的情况是正常的、可控的，信心也就更强了。病好了之后会觉得这医生真不错。

所以，在开始实施后，销售人员要降低客户的期望，告诉他可能发生的问题和风险，让他对未来的预期处在一个合理的水平。这并不是说这次项目没什么用，相对于 40 分的现状来说，提升到 80 分就是一个巨大的成功，如果你让客户觉得要提升到 120 分才能满意，那是自己跟自己过不去。同时，当客户觉得这次项目非常好，已经达到了 80 分的目标，有希望去冲一下 100 分的时候，你也要告诉他把这个 100 分的目标放在第二期，先守住第一期的成果。

（3）请客户参与。在实施过程中，销售人员应该请客户参与实施计划的制订，并共同商量出现问题时的应对措施，让客户心中有数。这又包括三点：

①销售在实施计划时要列明客户的工作以及双方如何配合，不要全揽在自己头上，要让客户明确自己的职责。

②出现问题时，第一时间联系支持者共同解决。

请各位读者回答两个问题。第一个问题，如果一个项目出问题了，销售（你）更担心还是客户（你的支持者）更担心？当然是客户，项目出问题最终是他来承担责任，会影响他在组织内的地位和未来的职业发展，出现问题你一定要让他知道并且沟通解决。第二个问题，如果客户内部有人诟病这个项目，谁更能够摆平内部反对的声音，把事情给安抚下去，销售人员（你）还是客户（你的支持者）？当然也是你的支持者，他要在内部把事摆平了，你要帮他提供相应的"弹药"。

还是那句话，与问题相比，不可控更令人讨厌。可是，很多销售在出现问题时，往往不是第一时间与客户沟通，而是隐瞒消息，试图等到问题解决了才汇报，这是非常糟糕的做法，最有可能出现的结果就是"出力不讨好"，因为客户根本就不知道销售人员做了些什么。

出现问题不及时沟通还可能造成另一个后果，就是客户没有及时采取行动，使得问题恶化。签约之后，销售和采购已经站到一条线上了，你的支持者也愿意采取行动尽早解决问题，与花些时间精力解决问题相比，把问题拖到无法解决暴露于大庭广众之下是你的支持者更加不愿意看到的。更何况，有些时候在你看来很严重的问题，在客户看来解决起来并不那么麻烦。

⫸ 案例

熊经理刚刚跟当地的教育局签下了一张电脑采购的单子，可是，调货出了点问题，无法按原先的计划按时到位。熊经理急着和后台沟通，不敢跟客户说，也不敢露面，连电话都不敢接。拖了几天，负责本项目采购且力挺熊经理的副局长打通了熊经理的手机，了解完情况之后，大骂销售："到不了货你早说啊，我可以给学校分批配齐电脑，宣传跟上就行，你一直不告诉我出了什么事，我怎么给领导汇报。"

这个案例就是本章开头提到的第二张单子的原型，在副局长的运作之下，事情得到了很好的解决，销售也牢牢记住了这个教训。

③提前放进产出：一方面，销售人员要给客户描绘美好的未来，坚定客户的信心；另一方面，在效果部分出现（甚至还没有实质效果出现）时就要想办法展示成果，在客户内部营造出此次采购取得了重大利益的舆论氛围。

大项目完全实施完成可能需要很长的时间，不可以等到全部完成再向客户汇报成果。钱花了，人力扑上去了，你的支持者必须要有成果向自己的领导汇报，向其他人证明本次采购的正确性。所以，销售人员一定要想办法在项目的实施过程中产出阶段性成果，让客户放心。比如，某银行准备在全省所有网点都布置好免费 wifi，当首批网点施工完成开始使用后就要有效果反馈，而不能等到所有的网点都完成了再总结。

有些时候，产生实质性的阶段成果要花费的时间比较长，还需要在宣传上动脑筋，比如，办签约仪式、开现场会、动用当地媒体进行动工的报道等等。如果这个项目是"形象工程"就更需要在内外部宣传上下功夫了。

开发新需求

做好了这些，取得了当前项目的成功，销售人员就该把精力放在新需求的开发上了，很多时候，从接触一个项目的早期开始就要看清这是客户未来一至三年业务规划中的一个部分，要早早开始布局长远。

一、如何开发新需求

没有一个解决方案是一劳永逸的。不管是客户的内部、市场、科技或产品等等，都无可避免地在变化着，随着新项目的上马，原有的一些问题被解决，也因此会给客户带来新的机遇和期待，会产生新的业务需求。

在业务需求的挖掘上，销售人员可以做的事情有：

树标杆：销售人员可以针对某一个行业，将这些客户分为若干级别，研究每级客户的主流需求和业务发展方向。例如，医院会有三级甲等、三级乙等、区域中心医院等等。然后，针对某一个客户找一个可参照的同类客户作为标杆，例如，对三级乙等医院以附近的三甲医院为标杆，对地市的中心医院以省会城市的医院为标杆。有了标杆，也就有了具体的发展目标，相应的业务机会也就有了。

做规划：为客户规划后续的发展目标。要求销售人员始终牢记项目的初衷，在取得了阶段性的项目成果之后，还可以在此基础上做哪些事去满足客户的需求、配合客户的目标，由此确定下一个阶段的业务机会。要想与一个客户长期合作，如果只是某一类产品的重复采购，是很容易被竞争对手替代的，只有不断配合客户新阶段的业务目标，才能有持续的合作。

关注环境的变化：业务需求往往来源于外界的变化和挑战，比如这两年很多行业内卷得厉害，巨大的降本压力迫使大量制造企业升级自动化水平，降低人力成本。比如在疫情影响之下，很多公司为了保证供应链的稳定要对供应商进行调整。这些都会带来更多的业务机会，销售人员需要时刻关注客户的行业动态、客户面临的机遇和挑战，预判客户在下一步发展中需要发起哪些项目、可以从我们这儿采购哪些东西。在很多公司里，会把销售人员按客户行业进行划分，就是为了让销售人员对客户的业务有更多理解，对行业趋势能够有更好的把握，也就更容易激发新需求。

在人际关系的经营方面，销售人员可以做几件事：

安抚之前的非支持者和反对者。在商业社会，没有永久的朋友，也没有永久的敌人，只有永久的利益交换。时过境迁，如果反对者和你合作能让自己的利益最大化，他不会一直跟自己的利益过不去，关键是销售要迈出和解的第一步。当然，前提仍然是不能犯政治错误，不能激起支持者的不满。

扩大在客户内部的人脉关系。在项目做成了之后，很多之前接触不到的人就有了接触的机会，特别是如果之前是靠着少数人的关系做成这个项目的，更要借助实施的机会扩大人脉，把自己缺失的支持者补上。比如，靠着大老板打招呼做下的项目，要借助实施在执行层搞好关系，形成良好的内部口碑；靠着某个中层的支持拿到的小项目，要借此机会向其他部门和高层渗透。在任何时候，单线联系都是高风险的行为。

关注客户内部的人事变化。人事变化对供应商的影响是不言而喻的，"一朝天子一朝臣"的说法并不夸张。新上位的各级老大，总是希望扶持自己的供应商。作为销售人员，要能关注到这种变化，能在新老大上位之前就打好关系最好，如果不能，也要在第一时间表达出合作的诚意。

\\\ 案例

曾经我的一家客户的人事经理突然发生变动，经常和我接洽的薪酬主管用手机私下打给我，告诉我前任人事经理和公司分管人事的副总因为一些问题同时被免职，接手的人事经理是之前总经理办公室的主任，是总经理的心腹。以前这位副总分管的领域都有较大的人员调整，原有的供应商纷纷被替换掉。这位主管嘱咐我们多加小心，同时表示为了避嫌，他也不可能在新领导面前说我们的好话，而且，说了估计也是副作用。果然，此后他在办公室里都不敢接我的电话。

我马上联系了新上任的人事经理，因为相关的业务事项必须要和他沟通，他同意我登门拜访。由于他临时有事，我等了他一个多小时。当这位经理看到我根本没去人事部门的大办公室和他的下属（他肯定知道我和这些人其实很熟悉）攀谈而是在他的小办公室门外恭候时，脸色和缓了不少。我准备了非常详尽的材料给他，向他暗示了三点：一是当初选择我们合作不是前任经理的个人意见，而是集体决策；二是和我们合作确实给员工带来了实实在在的好处，人事部门也减轻了很多工作；三是以后我会唯他马首是瞻，后续的合作如何开展肯定以他的意见为主。

经过多方努力，我维护住了这个客户，并且帮助那位薪酬主管和新任经理建立了良好的关系。

应该说，在这一单里，除了应对得当之外，还是有一些幸运的成分在的。有些时候，销售人员没有办法和新上任的权力者建立关系，就只能在人事变动之前尽可能地扩大销售额。

案例

齐经理主管一家医疗设备公司的销售工作，当地的一家大医院是他的老客户。齐经理的支持者是这家医院的院长，齐经理在这家医院的销售份额一直很高。遗憾的是，院长年龄到了，一年多以后就要退休，而被上级选定即将接任的副院长和齐经理一直关系不好，是竞争对手的支持者。可以预见的是，当这个人事变化发生后，齐经理在这家医院将完全失去业务机会。于是，齐经理抓住最后的机会，帮助院长完成了一系列的采购，使得医院在很长一段时间里不再需要新增大型设备。

二、何时开发新需求

严格来说这个标题是一个伪命题，不存在一个明确的时间点让销售人员来开发新需求。但是，通常来说，一个正规的组织，无论是政府还是企业，都有财年和预算的概念，也就是，下一年度要开展的项目、要做的采购在上一财年末应该做预算，这也是销售人员开发新需求的重要时间节点。对于大客户销售来说，今年收的单子，很多是在上一年度就已经打好了基础。

在帮助客户做预算时，销售人员还要注意一个概念叫"预算边界"，也就是一个组织内部不同的人权限不同，预算边界线以上的人可以制定和批准或者改变预算，预算边界线以下的人只能提出建议和执行预算，这也就意味着从做预算开始，销售就要试图接触客户中真正有话语权的人，更早下手。

实施阶段是销售流程的最后一个阶段，从开发新需求开始，销售人员又进入了下一个项目的循环。

「案例练习」

九、实施管理（一）：保证满意度

设备进院之后，发生了以下问题：

人：医生的操作还不太熟练，特别是一些比较新的设备操作难度较大，使医生的压力很大，对我们有所抱怨，认为设备的性能和易用性都不够。设备科也在推波助澜，把一些负面反馈放大。

事：科研项目的开展比预期的慢，再加上一些双方协调的问题，计划中的区域医疗论坛可能延期。

练习：

这些问题你怎么解决？

十、实施管理（二）：开发新需求

在迎接完市领导考察的那天，G 院长主动邀请我们一起聚餐，A 副院长、D 主任、F 处长都参加。这一顿饭吃得宾主尽欢，G 院长吩咐 F 处长，还需要哪些设备，尽快和 D 主任拉上我们一起商量后打报告。

练习：

你准备如何开展下一步工作？

第九章

用谋攻打造无敌战队

"大客户销售：谋攻之道"作为一门课程，在 2003 年就已经问世了，同名书籍也在 2015 年出版。每年，我们的顾问都要为数千名学员实施谋攻的培训，上一版的书籍也已经是第九次印刷了。

在这个过程中，有很多客户非常好地落实了谋攻的销售思想，销售队伍的行为和绩效也有了明显的改善，也有很多客户只是"听了个不错的课"。不仅仅谋攻会遇到这样的问题，市场上任何一门销售培训的课程都会遇到类似的问题：这门课程听起来很好，可是要怎么落地呢？作为销售，怎么把谋攻运用到你的销售实战当中去？作为公司的销售负责人或是培训负责人，怎么通过谋攻来提高组织的打单水准？

如果说，本书的前八章是给普通销售人员看的，那么这一章是给销售负责人和培训负责人看的，这一章主要阐述的问题是：一套优秀的销售方法论到底怎么才能真正落地。

行为转变的三个阶段

先澄清一个问题：销售是艺术还是技术？

很多人强调销售是艺术，所谓艺术，是不可复制和重现的，甚至让原创者本人再来一遍也无法重现。金庸先生的《笑傲江湖》里有个段子，在梅庄，秃笔翁和令狐冲一战之后，倒了一桶酒作墨汁在墙上写字，写完之后称自己再也写不出这样的一幅字了。这种连本人都无法复制的创作，可以称为艺术。

技术有规律可循，可以复制，可以通过系统训练提高成功率。

把销售看成是艺术，就只能依靠销售人员的天赋和临场发挥了，虽然这两条也挺重要的，但是，想想如果一家公司的销售人员都在凭着自己的天赋想怎么干就怎么干，这是十分恐怖的。把销售看成技术，则意味着要从中寻找规律、梳理流程、打到关键点、提高每个环节的成功率，只有这样，才能有效提高销售团队的战斗力。

引进一门销售课程，实施一个销售培训项目，根本目的都是为了让销售人员的行为发生转变，进而取得销售绩效的提高。要完成这个目的，需要经历三个阶段：

一、第一阶段：统一销售语言

语言的统一有两个标准：

第一，销售队伍对销售方法论的认知是统一的。也就是，大家都认可按谋攻这个套路干是对的，是能有效提高赢率、利润率和客户关系健康度的。

听起来这个要求很简单，但是在实际的实施当中，会遇到很大的阻力，一方面，销售是一个以结果论英雄的岗位，在公司引进新的销售方法论之时，老销售特别是业绩好的老销售往往不会特别接受，会强调自己业务的特殊性，会强调外面来的东西"听起来很美"其实不太合适。另一方面，很多公司特别是一些新兴公司的销售队伍来源比较多样，既有从业界知名公司挖过来的人，也有自己公司成长起来的人，还有一些从技术岗位或是运营岗位转岗过来的人，对销售的理解不同，自己的成功经验也不同，让大家统一认知并不容易。

第二，销售队伍对销售行为的描述是统一的。也就是，大家用同样的术语来描述销售当中的场景。比如，在前文当中，我们使用了五维决策地图和圈子地图来描述，不同的销售方法论都有自己的语言体系，也有自己相对应的工具。可能对于个人来说，无论用哪套方法，只要能把单子打下来就行，而且前面说过，在大客户销售这个领域里，真正有效的方法论流派也就那么几个，很多的底层逻辑是相通的。但是，对一个组织来说，这么干就不行了，同一支销售队伍，对于销售流程、销售阶段、阶段里程碑、关键行为等等的定义应该是统一的；在讨论某一个具体项目时，运用的分析工具也应该是统一的。

解决这个问题，要做的事情叫轮训，也就是覆盖销售人员全员的培训。完成这项工作有两个要求：

一是自上而下，也就是得从销售管理层开始进行培训。

二是一定要结合学员实际的打单案例来讲，用学员的案例才能让大家更容易接受和学习。

举个例子，在TO B销售当中有一项重要的工作叫"找对人"，这件事情，不仅在本书中提到，估计你去看市场上任何一门讲大客户销售的课程，任何一本写大客户销售的书籍，都会提到这一点，但是，在培训的现场，常见的做法有三类：

第一类，只讲概念不讲操作。用一些典型案例来证明"找对人"的重要性，比如在某个单子里找到了老大翻盘，在某个单子里却偏偏是"小鬼当家"搞定了操作人员控标，最后给个结论："找对人"很重要。听众很容易共鸣，甚至在听到某个单子时会表示自己也有类似的经历，但是，无论概念多么正确，也就听个乐子，当下一个单子摆在面前时，听众仍然不知道怎么才能"找对人"。

第二类，讲方法讲案例，但是案例都是自己的成熟案例。与第一类相比要好得多，比如会讲清楚相应的角色分类、提供分析工具、有案例讨论，然后，用讲师准备好的案例来做分析。从授课来看效果也不错，但是始终解决不了一个问题：听众总觉得讲的不是自己的事，觉得"这套方法在我这儿不适用""我们这个行业/公司比较特殊"。在培训界甚至有过类似于"爱因斯坦的司机"的段子，如此固化的内容很难让听众联系自己的实际，以这种旁观者的心态接受培训，是无法做到语言统一的。

第三类，讲方法讲案例，同时用销售队伍的真实案例来分析。这么干，会增加很多工作量，但是只有这样，才能让大家意识到新的方法是实用的，而且，在轮训当中用大量自身案例的密集训练，才能让大家统一语言，为下一步工作打好基础。

二、第二阶段：统一销售行为

也就是，打一个单子的规定动作要明确。虽然每张单子面临的情况不一样，每个人的销售习惯和资源也不一样，但是有必须要完成的规定动作。比如，在销售路径那一部分内容中，我们提到了不能单线联系，不能只有一个接纳者。落实到对销售行为的要求上，就需要提出在至少两个部门建立接纳者（当然，因为业务不同，具体的部门是不一样的，比如面向医院卖设备，要求在临床科室和设备科都要有接纳者；面向工厂卖元器件，要求在技术和采购部门都要有接纳者；复杂一些的工程项目可能还要加上设计院、总包方；等等）。

统一销售行为，需要在谋攻方法论的指导下，对于销售流程进行拆解，对于每个阶段的销售动作加以明确（这里的关键不是流程的先后顺序，而是该做的动作做了没有，在第三章里我们对这个问题有详细的阐述），作为日常管理的要求，进行日常的追踪和督促。

标准有了之后，要做到真正的行为转化，有一个非常关键的过程，就是这个组织的销售管理者要按照要求进行销售 REVIEW（回顾）。如果销售没有按要求做，在 REVIEW 中会遇到巨大的挑战，在销售资源的申请上也会受到影响。这就要求销售管理者必须真正能使用谋攻的工具做管理和指导销售，而不是为了填一个报告来引用。

很多时候，一家公司使用某种工具来做指导，是由高层发起的。老大觉得应该这么管，用这工具不错，但是，一线销售和销售管理者并不理解为什么要这么做，普遍的心态是：既然老大你想做，那我们没办法就填，如果你来检查，我们就照这个去汇报。至于填了到底有什么用我不管，而我的日常管理也未必按这个要求来做。

我曾经参加过一家公司的销售例会，他们引进了业界很出名的销售工具让大家来填写。我去参会的那一次是特意组织的重点项目汇报，但是第一张单子的汇报表格拿出来时，我就发现这张表体现的信息是自相矛盾的。但是，在我发言之前，这个项目的汇报就这么结束了，销售人员用 15 分钟讲完了这个项目，与会者都没提出有问题。如果后续追踪是这样的态度和力度，销售队伍的行为是改变不了的。

在这个过程中，一定会有人以销售的复杂性来对抗，表示哪有单子是按流程一步一步打下来的，意外情况很多。我们承认在销售当中确实有个例、有运气，但是我们不能用个例来否定普遍规律。

三、第三阶段：管理系统的固化

这个阶段是对第二阶段的工作的持续进行，让整支队伍养成习惯。

管理里经常会出现的情况是，想起来就抓抓，想不起来就算了。这也使得很多制度和规范的推行往往取决于某位高管的意志。固化就是要让这些管理行为常态化，随着时间的推移越来越标准和高效，而不因为人员的更迭而推倒重来。只有做到这一步，无论是刚入行的新人，还是已经有了自己的销售模式的老销售，其销售行为才会迅速被系统同化，达到管理的目的。

用学习链模式实现业绩提升

根据过去 20 年的实施经验，我们打造了"学习链"的模式，通过六个步骤来实施谋攻方法论的落地。

一、第一步：标准课程轮训

这应该是读者最熟悉的方式，也是市场上最常见的培训方式，请一个讲师来讲两天课。我们在第一节已经说过，标准课程轮训的目的是统一销售队伍的语言，而且要自上而下进行培训并用学员自身的案例进行培训。

（1）收案例。我们提供案例模板，请学员撰写并上交。以一个 30 个人的班来举例，我们一般会收上来 20 个左右的案例，也就是，70% 的学员会有案例上交，有时候遇到积极性特别高的，会有 90% 以上的学员交案例。

（2）电话访谈。我们的顾问会先阅读所有的案例，从中选出 6～8 个案例约撰写人进行电话访谈，补充初稿当中遗漏的信息，交换对这个单子的意见。

（3）修改。顾问根据访谈结果，调整案例的文字稿，并且附上顾问的分析点评，用于课堂教学。

用学员的案例讲课这事，我们已经坚持了近 20 年了，甚至在公开课上我们也是这么做的（需要把同行业的学员编进一个组，每个组讨论不同的案例），我们可能是销售培训市场上阅读学员案例最多的公司了。这么做可以达到三个目的：

（1）保证授课的高实战性，促进学习。

销售队伍有个共性（其实也是成人培训的共性）：不喜欢听与己无关的东西。如果是工作时间较长的绩优队伍，还要再加一点：骄傲，也就是觉得销售那点事自己什么都会了，单子做不下来是公司产品的问题、价格的问题、服务的问题，反正不是销售技能的问题。这种情况下，只有通过队伍里发生的真实案例，才能让大家认识到哪些单子打得好、哪些有问题，才能让大家产生学习的意愿。

也有很多队伍保持了良好的学习心态，此时，用自身的案例能够很大程度地降低学习的难度，课堂上大家分析的都是本班学员自己的单子，代入感强，可以更好地掌握方法论的运用。

（2）在训前就"逼迫"学员自我总结，提高学习的意愿。

我们会下发案例模板，按着模板填写就是对某一张单子进行反思和总结，如果这一单打得不怎么样，大概率会出现模板里的有些问题回答不了的情况，那么学员在培训之前也就可以意识到自己的问题。如果这一张单子打得好，按模板来一遍就是对自己经验的总结和升华。

同时，顾问会对选中的单子进行访谈，被访谈的学员，一定程度上提前进行了预习和与顾问的一对一讨论，进一步进行了经验的总结，同时也会提高学员的积极性。从纯培训技巧的角度来说，这也相当于讲师已经提前和学员建立了联系，对于培训的展开是有利的。

（3）通过大量的案例阅读，讲师可以更好地发现共性问题。

20 张单子看下来，讲师对学员的打单水平有了初步的感性认识，上课的重点也会更有针对性。比如，曾经有人说过：我的销售都是老销售了，跟客户搞关系是没问题的，主要是方案能力不行，只能卖单个产品，卖不了方案。可是，看完案例发现，他的人在搞关系方面有两个问题：一是只关注中层，基本触碰不到高层；二是单线联系，习惯于依靠某一个部门帮自己去力推。所以，在某个部门就能决定的单一产品的销售当中，成功率还可以接受，但是，在需要高层决策、多部门博弈的解决方案销售当中，就出问题了（当然，确实对方案也不熟，但是搞关系这一块也绝不是"没问题"）。如果只做常规的访谈，比如"您认为本次培训需要提高哪方面的能力"，而不做案例调研，只会得到错误的结果。

二、第二步：销售流程定制

销售流程定制指的是以谋攻的方法论为基础，重新梳理公司的销售流程，明确销售流程每个阶段必须要做的工作和完成的标准，并且配套相应的销售工具。举个例子，在商机评估阶段，销售要找到接纳者，获取相关项目信息。但是，具体到不同的行业、不同的公司，需要接触的部门和需要获取的信息都有不同，通过流程定制，就会明确在这个阶段，销售需要接触哪些部门、获取哪些信息，进一步，会形成信息清单，哪怕是新进的销售人员，根据清单按图索骥，也可以把需要的信息收集得八九不离十（这里暂时不讨论因为拜访技巧不够，见对了人也拿不到信息的问题）。

在完成流程的定制之后，可以设计完整的模拟培训，也就是组织二至三天的集中培训，让销售人员在培训当中，模拟完成一个项目的销售全过程。形式类似于本书第四章至第八章的案例练习，内容和要求要比这个案例练习复杂得多，销售人员要从最初的寥寥几条信息入手，建立销售路径，分析决策结构，呈现业务价值，制定游戏规则，处理客户疑虑，完成签约和服务，最后以发现新需求结束。如果在某一个阶段的行为没能达到要求，则会使"剧情"的进展产生变化，销售人员需要不断克服困难，让项目回归正途。

通过这样的模拟训练，在培训现场销售人员可以表现出组织希望的销售行为，培训也就不会只停留在方法论的传递。

三、第三步：内部讲师/教练训练

内部讲师的职责是熟练掌握谋攻方法论和培训技巧，可以在内部进行完整的谋攻课程授课；内部教练的职责是在内部用谋攻的方法论指导销售打单。有自己的内部讲师/教练，是在组织中推广谋攻（或者其他任何有效的销售方法论）的内部人力保证。我们这里提到的内部讲师/教练，必须由一定级别的销售管理人员担任，理想状态下，所有的一级经理都应该成为教练，可以指导自己的团队成员打单，其中，具备一定授课技巧、擅长表达的人可以承担内部讲师的职责。

如果想在内部全面推广谋攻的方法论，必须培养自己的内部讲师/教练，这是对销售管理者的赋能，也是对他们的要求。我们一般通过以下动作来对内部讲师/教练进行授证。

（1）试讲。下发讲师指导手册，要求销售管理者学习，并且按模块进行方法论试讲，外部顾问进行指导和评定。

（2）案例分析。搜集公司的实战案例，制作案例集，下发案例分析模板（这个模板也是销售例会上分析案例的工具集合），要求销售管理者独立完成对案例集中案例的分析，外部顾问进行指导和评定。

有些公司已经建立了自己的内部讲师管理体系，上述的这些内部讲师/教练也可以纳入这个体系管理，进行每年的评级。

四、第四步：项目实战 REVIEW

外部顾问和内部教练共同参加销售例会，进行项目 REVIEW。

要强调的是，这种针对项目进行 REVIEW 的例会，是 TO B 销售组织日常工作的一部分，即使没有外部顾问的参与，也应该定期（比如两周一次）召开。项目 REVIEW 的流程如下：

（1）销售人员按照汇报模板的要求，汇报正在进行中的重点项目，给出下一步行动计划；

（2）内部教练（通常也是销售人员的直属领导）深入询问项目信息，以谋攻的方法论和工具为基础，进行分析和点评，修正下一步行动计划；

（3）外部顾问分析点评，一方面，针对被 REVIEW 的项目进行分析点评；另一方面，针对内部教练的分析点评进行点评，帮助内部教练更好地掌握谋攻在实战当中的运用。

以我们的经验来看，每两周开一次例会，六次（三个月）为一个周期，内部教练基本可以独立开展 REVIEW。

五、第五步： CO-TEACH 轮训

CO-TEACH 轮训指的是内部讲师和外部顾问同场授课。一方面，

完成定制好的销售流程的内部推广，如果有必要还可以推广到渠道的销售队伍；另一方面，在 CO-TEACH 轮训的过程中进一步提升内部讲师的能力。

从以往的经验来看，经过一到两次的共同授课，内部讲师就完全可以独立承担授课任务，他们会成为谋攻方法论在组织中的"推广大使"，也会大大降低培训成本，如果组织处于快速扩张期或是有大量的销售人员变动，内部讲师队伍的存在可以让新进人员在很短的时间内接受培训，统一语言。

六、第六步：销售管理系统固化升级

从狭义上说，销售管理系统指的是 IT 系统，以 CRM（客户关系管理）、销售漏斗、商机系统等各种名义存在。可是，相当比例的公司在这些系统的使用上做得并不好，只实现了销售结果的统计（因为有合同为证），而对过程管理乏善可陈。

其实，销售人员不用系统的原因很简单，大家觉得系统没用，只是给自己增加了很多的文案工作，对打单没有指导意义。究其原因，相当比例的系统，在其设计开发之初，就是为了管理或者统计方便，对于打单没什么帮助。或者，销售人员并不清楚系统如何帮助自己，当然不愿意用。检查得不严就糊弄糊弄，检查得严就多花点力气糊弄糊弄，至于我的单子是怎么打下来的，跟系统里填的那些字段没啥关系。

从广义上说，销售管理系统指的是对销售行为和结果的管控体系，它至少应该包含三个层面的固化：

一是赋能（培训）体系的固化，也就是新销售人员入司必须接受谋攻的培训，新晋升或新引入的销售管理人员必须通过认证取得内部培训师/教练的资格。销售团队的流失和更换应该是所有岗位中比例最高的，我没有取得具体的统计数字，以我的经验来看，哪怕是比较成熟的业务，一年也有 20%～30% 的人员更替。也就是说，花了大力气把现有的队伍都培训完，过上三年人就换了一半了。没有赋能体系的固化，销售队伍很快又会回到连销售语言都不统一的状态，如果销售组织的高层带着一些骨干离职，这个问题就会更加严重。

二是销售行为和销售管理行为的固化。项目例会要成为制度，项目汇报模板要固化，各级主管要严格按照谋攻的要求进行 REVIEW，也就是，第四步中的项目 REVIEW 要成为常态，而不能只是在外部顾问参与的阶段大家才这么干。更进一步，如果销售人员不这么干，在各项资源申请上会受限。我曾经参加过一家企业的销售例会，当时各个大区正准备展开面向重点客户的专项市场活动，但是，在例会上，有两个区讲不清楚拟邀请参会的大客户的 BVF，销售总监当即表示不批准他们的活动申请，因为不知道这个资源"砸"下去了是不是能打动权力者。

三是 IT 系统的固化。也就是大量的记录和审批可以通过 IT 系统来完成，针对出现的问题（比如长时间单线联系）系统可以自动提醒。当然，IT 系统只是工具，是管理思想的延伸。前面的工作做顺了，IT 系统才能真正发挥作用。

完成了这六步，谋攻就可以在一个组织里生根了，我们用这样的方法帮助很多客户用两到三年的时间完成了销售能力的升级。

案例参考答案

一、商机乍现

1. 你觉得老销售给你的信息足够吗？你还想了解哪些？

我们从人、事、流程三个方面来看，有以下一些信息不清晰。

组织结构不完整。目前的最高层级是副院长，大设备的采购在副院长这个级别就可以决定吗？院长和书记参加吗？如果再抠一点细节，会发现按老销售的说法，A 副院长上任两年，上任之前是放射科主任，而放射科 D 主任在位 5 年。那么两年前放射科主任到底是 A 还是 D？两年前跟我们的合作是谁主导的？

决策结构不清晰。现在医院里的政治格局是什么？谁说了算？有派系吗？设备科和采购处的职责有重叠，那么工作当中会有分歧吗？

立项原因不清晰。为什么要买设备？想要达到什么目标？科室和院领导各有什么目标？

已有的采购动作不清晰。医院安排了去对手那边考察了吗？采购申请批了吗？这个项目的预算申请是参照谁的设备来定的？项目资金到位了吗？是自筹资金还是有财政拨款？

竞争情况不清晰。谁支持对手？谁支持我们？如果说当下这个项目的倾向还不清晰，那么，以往的项目中人员的倾向如何？三家的设备都用过，医院里有什么反馈吗？为什么近两年就不跟我们合作了？

2. 你要把授权给经销商 J2 吗？

当然不能，他跟 A 副院长关系如何不能只听他说，得验证一下，目前项目信息了解得太少了，不能轻易做决定。

二、初步接触

你准备先去拜访谁？目的是什么？

D 主任。目前看起来和 D 主任最熟，当然要先去拜访 D 主任，还有大量信息不清楚，要去打听。

三、开局定位

1. 接纳者是谁？目前信息充分吗？

D 主任。信息不充分，我们在前文中提到的问题，并没有得到完整解答，需要进一步探询。但是，很遗憾，相当比例的销售人员在遇到类似场景时会盲目乐观。

F 处长。他至少透露了 G 院长对这个项目的一些期待，考察要找省会医院里排名靠前的三甲医院，已经显示了 G 院长的雄心。但 F 处长说得比较含蓄，销售要有敏感性。

2. 此项目是什么定位？

业务大影响大。大设备的采购金额很大，而且这家医院在当地影响力大，而且有很明显的后续机会。

3. 此项目是什么开局？你的打单策略是什么？

敌方地盘、中立开局。

销售该做的是了解什么原因使客户对对手持有保守态度，找到问题扩大问题，同时根据对手弱点和客户需求树立我方优势。需要考虑以下几点：

（1）问题挖透了吗？

事的问题：放射科对竞品的学术支持和服务不满。

是否挖透：竞品在学术支持和服务上的不足影响了放射科什么发展目标的达成？还有谁关注这些业务目标？

人的问题：竞品的经销商和书记走得近，不把放射科放在眼里。

是否挖透：如果只依靠放射科是不足以和书记抗衡的。有没有哪个派系是对书记不满的？G院长？有没有敌对到在这个项目上一定要争夺话语权？

（2）找谁扩大？如何扩大？

除了放射科D主任以外，采购处F处长也提了竞品的问题，他有不满吗？A副院长呢？G院长呢？

四、挖掘需求（一）：找到不满者

1. 谁是不满者？

很显然D主任和F处长都有不满。但是，对于销售来说，最重要的是能发现高层的不满，即G院长有什么不满。到目前为止，我们还没有去接触G院长，但是从D主任和F处长传递的信息来看，G院长应该是不满的。

2. 你跟不满者达成同盟了吗？

还没有，你还没有扩大不满，也没能提供你的方案让对方信任。

而且，不要忘记，到目前为止，你在D主任和F处长那里还没有讨论过隐私信息，离达成同盟尚有距离。

五、挖掘需求（二）：找到权力者

1. 权力者是谁？

看起来只有可能是两位老大了：G 院长和 H 书记。但是，目前来看他们的倾向不太一致，谁说了算还不好说。

2. 权力者支持我们吗？

H 书记肯定没有表现出支持，G 院长也只是表示出兴趣。销售不能盲目乐观。

六、挖掘需求（三）：需求分析

1. 绘制本案例的五维地图、圈子地图和 BVF 模型。

2. 确定主攻方向及进攻手段。

这部分的练习我们就不给答案了，有兴趣的读者可以关注我们的公众号留言讨论。

做两方面提示，在人的方面：（1）医院有政治派系，一派以 G 院长为首，A 副院长、放射科 D 主任、采购处 F 处长是这条线的人；另一派以 H 书记为首，设备科 E 科长是这条线的人，医技部 C 主任原先是 H 书记的人，但是，随着院长的影响力不断加强，C 主任产生了摇摆。（2）G 院长的需求层次是尊重和自我实现兼有，既希望能在医院里树立自己的权威，又希望通过此次项目加强和厂商的合作，更好地推动医院的建设。

在事的方面：G 院长在业务发展上有想法，比较明显的有：（1）医院升级；（2）重点科室的建设；（3）提高医院的区域影响力，完成市领导下的任务。这不仅仅是买一台好设备就能满足的，需要我们从产品、学科建设、合作项目、人才培养等多方面提供支持。

七、树立标准

1. 请你帮医院树立采购标准。

具体的指标在这里就不列了。根据前面的方案，销售应该可以从软硬两方面下手策划相应的标准，比如方案的前瞻性（符合医院的三年发展规划），比如开机率和优片率。

2. 针对 H 书记提出的两个标准，你的对策是什么？

针对装机量，从医院的发展方向来看，应该对标的是三级医院而非二级医院，我们的产品在三级医院的装机量更高，更符合客户的发展要求，友商在二级医院装机量高，只能说明他们的产品更适合基层医院，这和客户的发展定位是不匹配的。

针对价格，这个标准无法排除，可以在合规的前提下降低价格分权重，或者修改价格分的计分规则减少友商在价格分上的优势，同时通过技术和商务两部分的得分打击友商。

八、解决疑虑

你如何打消 G 院长的疑虑？

首先，在中标之后就该开疑虑恳谈会了，你的团队（你、领导、服务团队的工程师、经销商老板）和医院方团队（G 院长、A 副院长、D 主任、F 处长这些你的支持者），应该坐下来商量后续的实施。你得展示后续的工作流程（设备装机使用、开展新的诊疗项目、提供学术支持和医院升级咨询等等），明确双方分工、流通机制，设置阶段性产出的节点。

如果销售疏忽了，没有做这个工作，在 G 院长产生了疑虑之后，需要花力气去解决：一是针对友商的攻击进行解释；二是唤起院长对友商过往的不愉快的回忆；三是还是得把疑虑恳谈会补上，充分强调你的亮点比如针对医院的评审可以开展的合作，坚定 G 院长对你的信任。

九、实施管理（一）：保证满意度

这些问题你怎么解决？

对方抱怨的点当然要尽快解决，此外，销售需要做两件事情：一是和支持者们开会讨论工作计划，消除支持者的担忧，内容类似于疑虑恳谈会，严格要求的话，这样的沟通会不应该等到出了问题才开。二是要设计一些能让支持者去表功的节点，比如请相关领导来医院考察指导，为某位领导（或其家人）做一次检查让他现场体验一下，等等。让他觉得和你的合作起到了效果。

十、实施管理（二）：开发新需求

你准备如何开展下一步工作？

事的方面：重新审视医院的业务目标：三级医院的评审通过了吗？区域内的影响力发生了什么变化？医院的收入发生了什么变化？医院的人才队伍发生了什么变化？新开展了哪些检查和术式？相关科室的建设如何？对标的医院是哪家，现有的设备配置如何？在此基础上，帮助医院进一步规划未来 3～5 年的目标，安排针对对标医院的参观考察，确定采购计划，制定预算和申请经费。

人的方面：在高层，抱牢 G 院长，形成小范围的个人交流圈，增强和 G 院长的私人感情。在中层：在 D 主任的帮助下，借助合作项目的推进，和其他相关临床科室搞好关系。

后 记
POSTSCRIPT

2020 年，由于突发的新冠肺炎疫情，有整整 3 个月的时间无法外出讲课，在这段时间里，我们把"大客户销售：谋攻之道"（本书的同名培训课程）做成了线上课，方法论的内容分为 12 讲，每讲半小时。这 12 讲的课程，我花了 3 个月，每周完成 1 讲。之所以这么慢，是因为我希望结合《大客户销售：谋攻之道》出版之后的读者反馈和培训咨询实践，对课程做一次升级。线上课完成之后，开始着手这本书的再版。

意外的是，线上课录制完成之后，我的行程排得非常满，这本书的再版也就一再延迟，直到今年，终于完成了书稿。

感谢中国人民大学出版社的编辑，没有他们的包容和支持，这本书的再版恐怕要夭折了。感谢我们的客户，在与他们的合作中，我们不断完善谋攻的模型和工具。感谢我的同事，他们的努力让我可以专心于项目执行和写作，不用为诸般杂事费神。感谢我的家人，他们是我前进的动力。

我也要感谢你，这本书的读者。希望这本书能够帮助你在销售这条路上走得更好。

徐 晖

2022 年 6 月于上海

图书在版编目（CIP）数据

大客户销售：谋攻之道：全新版 / 徐晖，齐洋钰
著. -- 2 版. -- 北京：中国人民大学出版社，2022.11
ISBN 978-7-300-31173-9

Ⅰ.①大… Ⅱ.①徐… ②齐… Ⅲ.①企业管理－销
售管理 Ⅳ.①F274

中国版本图书馆 CIP 数据核字（2022）第 204256 号

大客户销售：谋攻之道（全新版）

徐　晖　齐洋钰　著

Dakehu Xiaoshou：Mougong zhi Dao

出版发行	中国人民大学出版社			
社　　址	北京中关村大街 31 号		**邮政编码**	100080
电　　话	010 - 62511242（总编室）		010 - 62511770（质管部）	
	010 - 82501766（邮购部）		010 - 62514148（门市部）	
	010 - 62515195（发行公司）		010 - 62515275（盗版举报）	
网　　址	http://www.crup.com.cn			
经　　销	新华书店			
印　　刷	天津中印联印务有限公司		**版　　次**	2015 年 1 月第 1 版
规　　格	170 mm×230 mm　16 开本			2022 年 11 月第 2 版
印　　张	16.5 插页 1		**印　　次**	2024 年 5 月第 4 次印刷
字　　数	170 000		**定　　价**	69.00 元